Jean GUITTON
de l'Académie française

LE GÉNIE DE THÉRÈSE DE LISIEUX

ÉDITIONS DE L'EMMANUEL
26 rue de l'abbé Grégoire
75006 Paris
1995

ISBN : 2-905 995-98-X

En 1954, Jean Guitton avait écrit un Essai sur le génie spirituel dans la doctrine de sainte Thérèse de l'Enfant-Jésus, *publié par les* Annales de Lisieux. *Ce texte avait été amplifié en 1965 dans une brochure augmentée de divers articles, sous le titre* Le Génie de sainte Thérèse de l'Enfant-Jésus.

Personnellement, la lecture de ces pages m'avait fortement touché car, à cette époque, il était rare qu'un philosophe s'intéressât à celle que certains intellectuels considéraient encore comme « une bonne petite sainte aux roses ». *Certes, de grands esprits – déjà Bergson – et de très nombreux théologiens avaient sondé la profonde simplicité de la sainte de Lisieux.*

Mais, ébloui par l'affirmation du russe orthodoxe Merejskowski mettant Thérèse sur les sommets de la pensée religieuse avec saints Paul, Augustin, François d'Assise et Jeanne d'Arc, Jean Guitton a écrit quelques pages qui éclairent la pensée de Thérèse d'un jour nouveau.

En analysant sept de ses paroles, l'académicien montre à quelle profondeur – ou à quelle hauteur – l'intuition thérésienne peut atteindre lorsqu'on sait la lire.

Depuis cette lecture qui m'avait tant marqué, j'avais d'autant plus regretté que Jean Guitton n'ait pas écrit le livre sur Thérèse qu'on aurait pu espérer, comme il l'a fait pour Jeanne d'Arc.

À l'approche du centenaire de l' « entrée dans la vie » *de la carmélite (1997), il était très opportun de publier à nouveau ces pages, depuis longtemps introuvables. Nous remercions très vivement Jean Guitton de nous avoir autorisé à les redonner à un vaste public dans une présentation enfin digne de leur contenu.*

Elles seront un argument supplémentaire de poids pour tous ceux qui, à travers le monde, demandent au pape Jean-Paul II de proclamer

Docteur de l'Église sainte Thérèse de l'Enfant-Jésus et de la Sainte-Face. Puissent le philosophe, le théologien et le Peuple de Dieu réunis être entendus à l'aube du troisième millénaire, car les merveilles opérées par Dieu à travers Thérèse – ce génie spirituel – sont encore à venir…

Guy GAUCHER,
évêque auxiliaire
de Bayeux et Lisieux.

SIGLES UTILISÉS

A	Manuscrit A (1895)
B	Manuscrit B (1896)
C	Manuscrit C (1897)
	de sainte Thérèse, avec l'indication de la page recto ou verso.
CSG	*Conseils et Souvenirs* de sœur Geneviève (Céline Martin), Foi Vivante, Cerf.
DE	*Derniers Entretiens* (version Carnet jaune) Cerf-DDB.
LT	*Lettres* de sainte Thérèse, avec le numéro de la lettre, Cerf-DDB.
PN	*Poésies* de sainte Thérèse, avec le numéro de la poésie, Cerf-DDB.

Les Œuvres complètes *de sainte Thérèse sont parues en un seul volume, 1992, Cerf-DDB.*

LE GÉNIE DE THÉRÈSE DE LISIEUX

Jean GUITTON
de l'Académie française

AVANT-PROPOS À LA SECONDE ÉDITION

Je reprends après quarante ans ce que j'ai écrit sur Thérèse. Je n'ai rien à changer à ce que j'ai écrit, ayant toujours eu comme règle de parler d'une manière intemporelle, vraie aujourd'hui, demain et toujours.

Un de mes maîtres m'avait dit : « Écrivez de manière que ce que vous écriviez soit un aliment pour les esprits, une nourriture pour les âmes » et j'ai tenté toujours de suivre ce conseil. C'est pourquoi ce que j'ai écrit là n'a pas vieilli. Dans mon esprit, trois saintes étaient toujours présentes et, comme ma méthode est une méthode de comparaison, je les ai incessamment comparées : Thérèse, Élisabeth, Édith, elles m'attiraient par leur diversité et leur unité.

Le petit cahier de Thérèse a été le *best-seller* du vingtième siècle. Pourquoi ? Parce que Thérèse exprimait dans une langue simple, enfantine, géniale – c'est-à-dire ingénue – ce que tous les mystiques ont toujours dit, à savoir que l'amour était tout, et non pas la matière de l'amour, et qu'un seul acte d'amour pur accompli en silence valait plus que toutes les pratiques ascétiques. C'est cette primauté de l'amour qui s'exprime dans la formule *Deus caritas est.*

Thérèse de l'Enfant-Jésus est typiquement féminine : la spontanéité, la naïveté apparente, l'autorité cachée et pourtant impérieuse. Une femme est naturellement et surnaturellement ou pécheresse ou sainte, il n'y a pas de femme ordinaire. Thérèse ou le génie féminin…

Rome, 1er octobre 1994

Jean GUITTON.

AVANT-PROPOS À LA PREMIÈRE ÉDITION

La scène de *Jésus-Enfant parmi les Docteurs*, que propose saint Luc au seuil de son Évangile, a été souvent figurée par les artistes. Elle appartient à tous les temps : car, dans tous les temps, le savoir accablé de savoir et l'ignorance intuitive se sont rencontrés : les vieillards et l'enfant se recherchent.

J'aperçois l'Adolescent calme, appliqué, attentif et limpide avec « les yeux si simples, si purs, si nets » que sainte Catherine de Gênes avait remarqués dans une vision d'anges – et, autour de lui la grave couronne de têtes lourdes et pensantes, le rouleau du Livre muet dans leurs mains : le texte de la Loi est leur loi, ils se disputent sur les interprétations. Schiller disait :

« Quand les Rois bâtissent, les porte-brouettes ont beaucoup de travail. » L'Enfant est là, c'est un Enfant-Dieu, il n'est pas un enfant prodige. On ne nous dit pas qu'il soit interrogé par les Docteurs. *Il écoute, il interroge,* comme plus tard il le fera à la fin de l'Évangile de Luc, *après sa mort* (ici c'est *avant sa vie*), dans sa promenade vers Emmaüs. Jésus aimera toujours poser des questions embarrassantes, même à sa mère, même aux apôtres... Les graves docteurs sont intéressés au plus haut point par l'autorité de ce très jeune être. Ce qu'on observera chez Pascal enfant et qui faisait pleurer de joie Étienne Pascal son père. De telles scènes se renouvellent. Et sans doute de moins en moins, quoi qu'on ait plus que jamais besoin de jeunes êtres dans notre civilisation accablée et si vieille. Désormais, un cas de précocité comme celui de Pascal est presque impossible à cause de la technicité des mathématiques, à cause aussi des instruments qu'il faut bien posséder et qui excèdent la richesse d'une nation.

Et on ne voit pas qu'en philosophie ou en théologie, ce soit même concevable. Ni en art militaire dans la conduite des opérations ainsi qu'au temps de Jeanne d'Arc. En poésie ? Mais là encore comme les contrefaçons de l'enfance dissimulent l'inexpérience ou le snobisme ! À y bien réfléchir, on ne voit guère que la vie spirituelle où un tel esprit d'enfance sage pourrait s'exercer. Car, là et là seulement, l'idéal est la simplicité de la synthèse. Et l'on peut admettre que, dans de très rares cas, un jeune être fort intelligent, ayant reçu une éducation choisie, puisse d'emblée atteindre cette simplicité qui ne sera donnée aux sages et aux savants qu'après des efforts, beaucoup d'échecs et de longues patiences. C'est sans doute dans ce sens que Jésus proposait à ceux qui voulaient le suivre de redevenir par volonté ce que l'enfant était sans mérite et par nature.

*

* *

Lorsque j'examine avec un esprit critique la personne, l'œuvre, le conseil de Thérèse de l'Enfant-Jésus, toutes les questions que je puis me poser me ramènent à une seule.

Que Thérèse soit une sainte religieuse, une religieuse sainte, canonisable, canonisée, marquée de ce halo qu'on appelle le charme, nul ne le conteste, au moins parmi les catholiques. Mais la question est de savoir si Thérèse appartient à l'assemblée commune des saints, ou si elle doit être rangée dans la phalange des saints de génie, si l'on doit la compter parmi ces êtres très rares qui ont tiré de l'éternel trésor évangélique des *voies* et pour ainsi dire des *vérités* de *vie* nouvelles. Je ne m'étais jamais posé, je l'avoue, ce problème (étant intéressé mais non « ravi » par Thérèse de l'Enfant-Jésus), quand j'ai lu, en captivité, le livre d'un penseur orthodoxe russe, publié par Albin Michel, appelé *De Jésus à nous*. Le subtil écrivain slave, esprit procédant par bondissements, raccourcis, fulgurations, qui a si bien parlé de Pascal, de Calvin, de Napoléon, part de l'idée que, « de Jésus à nous », il n'y a eu, selon lui, que cinq ou six saints de génie, qui ont été comme les relais de la Lumière sur la terre : saint Paul, saint Augustin, saint François d'Assise, sainte Jeanne d'Arc. Ce qui me surprit, ce fut que, de mon côté, m'étant posé secrètement la même question, ayant aussi cherché à ramasser autour de quelques sommets les plus grands des saints (comme nous faisons, en philosophie, où les vrais penseurs originaux se comptent, depuis Platon, sur les doigts), j'étais arrivé presque aux mêmes noms. Après Jeanne d'Arc et sainte Thérèse d'Avila, j'hésitais, perdu dans l'abondance des temps contemporains : car la distance nettoie, et la proximité brouille.

Merejskowski n'hésitait pas. Lui, russe et non catholique, il nommait avec certitude, avec défi,

Thérèse de l'Enfant-Jésus. Et, la comparant avec Jeanne d'Arc, il voyait, en ces deux, le même esprit, agrandi, chez Thérèse, aux dimensions du monde moderne, de ses difficultés, de ses luttes terribles et imminentes. Pourquoi ? – Parce que, disait-il, Jeanne et Thérèse ont eu un esprit d'innovation surprenant. Au lieu de voir dans la sainteté une montée vers le ciel *hors* de la terre, elles considéraient que le ciel devait voir se poursuivre *l'œuvre de mission* qui nous a été donnée sur la terre. Elles aimaient vraiment la terre des hommes non pas comme un moyen, mais pour elle-même, comme le Créateur. Parole révolutionnaire, la fameuse parole : « Je veux passer mon ciel… »

On pourrait dire aussi que l'esprit de Thérèse retrouvait l'intuition luthérienne dans ce qu'elle avait de positif, que son offrande à l'amour miséricordieux (comme « l'acte d'abandon » du Père de La Colombière, ou le Père Auguste Valensin) contient le solide de l'idée de Luther sur la foi qui sauve, au-delà des œuvres. Ou encore, on pourrait dire que son « Rien que pour aujourd'hui », son idée de l'éternité tout entière déjà présente dans cet exquis moment qui passe, c'est la vérité que Gide a invertie dans ses fameuses *Nourritures terrestres*. Et, plus généralement, que cet amour de la Terre des hommes, de la condition humble, militante et souffrante, des « petites âmes », des « moyens courts », des moyens simples, des actes perdus et insignifiants, de la sincérité en tout, de l'engagement, de la totalité – en somme, toute la spiritualité immanente au monde moderne – est déjà toute présente en elle. – Oui, certes, et jusqu'à l'angoisse, jusqu'à l'expérience du doute radical sur tout, jusqu'à la saveur quasi baudelairienne du néant, que Thérèse a goûtée, comme une mort plus dure que la mort, dans ses dernières années.

Quoiqu'il en soit de ce thème du *génie* chez sainte Thérèse, on peut penser qu'il reste encore beaucoup à dire pour expliquer ce message *si simple* ! Mais il y a deux sortes de simplicité, comme deux sortes d'enfance : la simplicité d'indigence, l'enfance du départ dans la vie, qui n'est qu'une image du but. Et la simplicité d'achèvement, l'enfance impossible à atteindre, sorte de retour de l'être mûr vers sa source.

Les réflexions qui vont suivre sont un essai pour jeter une nouvelle lumière sur le message de sainte Thérèse en montrant son accord avec certaines intuitions profondes des temps modernes.

La première dédicace de cette étude était à Mgr Montini, archevêque de Milan, qui fut baptisé le jour de la mort de Thérèse. Je n'ai pas osé la maintenir.

Dearest, gentlest, purest, fairest,
Loveliest, meekest, blithest, kindest,
Lead, we seek the home thou findest[1].

(Newman, sur sa sœur Marie, morte à 17 ans)

Ces vers de Newman sur sa sœur Marie, morte dans sa dix-huitième année, je les applique à Thérèse, qui a été pour l'humanité du XXe siècle depuis 1910, comme une sœur morte dans la fleur de son âge, et qui lui a facilité deux terribles passages : les deux guerres. Et, pour tant de destinées, Thérèse a été la Sœur, l'*Ange* des jours difficiles, et, plus encore, l'*Ange* qui a révélé ce moyen facile de faire le difficile, qui est d'aimer, – comme le disent tous les mystiques, en particulier ce mystérieux auteur de *l'Imitation de Jésus,* livre qu'elle pratiquait et dont elle nous a retransmis l'essence. À mes yeux, le *Procès de Jeanne d'Arc, l'Imitation de Jésus-Christ, l'Histoire d'une âme* sont trois Évangiles, assez parents, pour qui sait entendre les résonances.

1. « Ô toi, la plus chère, la plus gentille, la plus pure, la plus belle, la plus aimable, la plus douce, la plus gaie, la meilleure, conduis-nous : nous cherchons la demeure que tu as trouvée. »

LE CHARME

En quoi consiste le charme de tout être ? Cela est difficile à dire, car le charme ne se définit pas. Il est une certaine présence de la personne au-delà de ses limites, comme l'irradiation de certains visages purs. Il est aussi une certaine aisance des gestes, des paroles, des actes, des conduites même les plus sacrifiées, qui fait que ce que fait un être semble un jeu divin, jailli de lui sans effort et par communication avec la source du Bien. Un être qui vous charme fait disparaître les contractions, les plissures, les retraits, les craintes devant le péril, la peur des autres ; plus encore peut-être la peur qu'on a de soi-même. Il vous délie, il vous délivre du poids intérieur ; par là il vous rend disponible à un appel plus haut, celui de Dieu, qui doit posséder l'attribut que nous nommons en langue humaine le charme au plus haut degré imaginable : on ne peut sans doute voir Dieu, « fût-ce un instant », sans bondir hors de soi, attiré, aspiré par sa Beauté. La justice divine ne doit pas faire oublier le charme divin qui est une nourriture des âmes glorifiées.

Parmi les saints, tous n'ont pas ce caractère de charme. Le charme parfait ne peut convenir pleinement à un adulte, et je ne dirais pas que saint François d'Assise, ou saint François de Sales possèdent d'une manière pleine cet attribut que je tente de cerner, et qui exige une sorte d'enfance. Mais les enfants ont l'image du charme sans posséder *vraiment* le charme, qui implique une ascèse, un détachement de soi, et une ignorance de ce charme même : un charme qui aurait conscience de soi rappellerait l'art des acteurs et s'évanouirait.

Il est vrai qu'en elle le *charme* et la *méthode* ne se séparent guère. Et on pourrait lui appliquer ce que Newman disait de saint Jean Chrysostome, le créateur de l'exégèse littérale : « Il y a eu beaucoup de commentateurs de l'Écriture selon la lettre, dit Newman. Mais il n'y a eu qu'un seul saint Jean Chrysostome. Et c'est Chrysostome qui est le charme de la méthode, non la méthode qui est le charme de Chrysostome. » Je ne sais si cette distinction du charme et de la méthode s'applique à saint Jean Chrysostome *(Bouche d'or)*, autant que le souhaitait Newman. Mais le mot *charme*, si jamais il peut être appliqué à un saint, désigne et même caractérise sœur Thérèse de l'Enfant-Jésus. Par ce charme elle a précipité les délais, elle s'est fait aimer de l'univers, rejetant dans l'ombre des saints plus chevronnés qu'elle. C'est pourquoi sa méthode se distinguera mal de sa personne et, en ce sens, ne sera pas si communicable qu'elle paraît et que Thérèse le croit.

J'essaierai de définir quelques aspects de cette méthode et de cette doctrine, hors des sentiers battus.

Je résumerai ces aspects en sept paroles principales tirées des écrits de sainte Thérèse et qui ouvrent sept voies, anciennes et nouvelles, à la vie spirituelle.

On aurait pu en choisir d'autres, et je ne prétends pas que mon choix soit parfait, ou qu'un autre à ma place aurait fait le même. J'ai sacrifié au mystère de ce chiffre sept. J'ai évité aussi, la plupart du temps, de citer des paroles qui soient trop connues. Par exemple, je n'en ai pas relevé où il y ait le mot *enfance*, parce que ce sont ces mots les plus limpides d'apparence qui sont les plus trompeurs.

Avant d'aller plus loin, qu'on me permette de développer quelques pensées sur le « genre » littéraire de sainte Thérèse.

STYLE ET PAROLE

Après quelques quarante siècles de civilisation orale, la Parole est une monnaie épuisée. Elle a été alanguie par l'esprit de mensonge oriental, par l'emphase et par la ruse. Elle a été énervée par la subtilité des Grecs, par la rhétorique des Romains. Elle a été corrompue dans les chancelleries médiévales et par la politesse moderne. Enfin, le langage de nos démocraties et des dictatures a mis sur le marché des paroles sans consistance. Et le langage a aussi dévalué la dévotion : combien de paroles inauthentiques chez nous autres croyants, qui sommes forcés d'employer le vocabulaire ou du plus grand amour ou du plus grand péché ! Il semble que cette pauvre Parole humaine, oblitérée, ne répond plus à ce qu'elle doit être : la transcription du vrai.

Thérèse va donner un nouveau prix à la parole. Ce qu'elle a dit, elle le fait. Et ses paroles sont des oracles.

Je dis ses « paroles » : je les distingue de ses « phrases ». La phrase de Thérèse est imparfaite. Imparfaite à cause de la faiblesse des hommes qui lui ont transmis un langage bien médiocre. Le XVIIe siècle et le XVIIIe siècle surtout avaient une langue précise, sévère, ennemie du faste et que parlaient même les femmes. Renan nous dit que c'est sa sœur Henriette qui l'a délivré de la rhétorique et qui lui a appris à dire les choses d'une manière pure. Mais, au XIXe siècle, les milieux religieux ont été gâtés par le romantisme, on a cru que la vraie manière de parler des sentiments religieux était de mettre dans le style l'élan et le sublime qui étaient dans l'âme.

Il faut pourtant avouer une autre erreur : qui est l'amour du diminutif. Dire agnelet pour agneau, fleurette pour fleur, cela peut être un certain moyen commode, trop commode hélas, de reconstituer la poésie de l'enfance. S'il suffisait de ces artifices diminuants, comme on l'a cru parfois au XVIe siècle, pour créer l'atmosphère poétique ; ce serait facile d'être poète. S'il suffisait, pour se mettre à la portée des enfants, de réduire comme Gulliver les proportions des objets, de parler du pauvret et non pas du pauvre, de faire précéder tous les mots de l'adjectif petit, disant le petit papa, le petit frère, ce serait encore bien trop simple. L'acharnement à diminuer est un des traits du vocabulaire de Thérèse, qui a conservé l'écho de ce milieu familial où elle était la petite sœur.

Mais ici, la même remarque s'impose. Alors que, partout ailleurs et pour tous les autres cas, on peut n'avoir aucune estime pour ces modes de diminution, chez elle et chez elle seule, le diminutif se trouvait par hasard convenir à son message, à condition de comprendre le sens accroissant de cette diminution.

Cela étant dit sur les phrases de Thérèse, passons à ses paroles. Nous devinons ce qu'elle aurait été, si elle n'avait été que parole. On peut même dire que, dans son œuvre écrite, toutes les fois qu'elle échappe à la phrase pour retrouver la parole, elle atteint au style. Elle est capable d'inventer des mots. Par exemple, dans le bel usage qu'elle fait des verbes en « ise » qu'elle invente : la musique militaire qui « mélancolise » ; ou l'abandon de sainte Cécile capable de « *virginiser* » des âmes. En vers, Thérèse a le sens du nombre pur que Valéry admirait chez Racine. Il lui aurait suffi d'un bon guide pour éviter les fadeurs.

Un autre caractère de la parole est qu'elle doit être courte, quand elle est dense. Le commentaire ne pourrait que l'obscurcir. À la différence de saint Jean de la Croix, Thérèse ne souffre pas d'être commentée, parce qu'elle est transparente. Dans un récit de sa vie, l'auteur dit à propos de la parole d'un confesseur : « La parole ne fut pas renouvelée. N'importe. Elle a entendu la parole nécessaire. C'est toujours sobrement, comme en passant, qu'elle doit recevoir le secours. » De même, quand elle donne secours.

Ce qui est étrange chez Thérèse, c'est l'autorité avec laquelle elle enseigne *sa* voie, quoique si jeune et si peu informée. C'est par ce caractère d'autorité radicale, malgré l'inexpérience, qu'elle a pu faire penser à Jeanne d'Arc. Elle est enfant sans enfance et hors de l'enfance. L'autorité chez Thérèse est en rapport avec cet état d'ignorance. Car, si elle avait tant *su*, comme nous autres, il lui aurait fallu bien du temps pour oublier. Et, si elle avait passé par dessus son savoir, elle aurait été exposée soit à mépriser tel Docteur, soit à le répéter et dans ce cas à être moins elle-même. Et dans un âge où, pour atteindre les masses, il nous faudra peut-être nous détacher de notre culture, des écrits naturellement simples sont précieux.

Thérèse pratiquait *l'Imitation*, qui est un raccourci, un abrégé d'une densité, d'une frappe admirables, de la tradition ascétique et mystique jusqu'au XVe siècle, en même temps que la semence de plusieurs spiritualités à venir. Elle avait lu ces versets :

Celui pour qui toutes choses sont une seule
et même chose,
Et qui sait tout ramener à cette unique chose,
Et qui voit tout dans cette unique chose,
Celui-là peut avoir le cœur stable
Et demeurer en Dieu pacifiquement.
O Vérité, Dieu de Vérité,
Fais-moi une seule chose avec toi
dans un amour parfait !

Ces versets sont encore plus forts, plus résonnants et plus concis dans le bronze latin :

Cui omnia unum sunt
et qui omnia ad unum trahit
et omnia in uno videt
potest stabilis corde esse
et in Deo pacificus permanere.
O Veritas Dei, fac me unum tecum
in caritate perfecta[2] *!*

---

2. Je rappelle que Thérèse aimait dans *l'Imitation* les chapitres que voici : au livre premier, I, II, XV ; au livre second : XI ; au livre troisième : V, XIII, XXIV, XXVI, XLIII, XLIV, XLIX. Du moins, ce sont ceux-là qui sont cités dans son œuvre.

L'ANTIJANSÉNISME DE THÉRÈSE

Ce qui apparente ces textes, c'est leur antijansénisme.

L'étonnant de cette famille Martin, si on la compare avec plusieurs autres familles du même siècle bourgeois finissant, c'est qu'on n'y respire jamais le jansénisme, même à l'état de parfum ou de latence.

À côté du jansénisme exaspéré de Port-Royal, il existait un jansénisme diffus qui était le ton du siècle. On le retrouve chez Bossuet, il s'est insinué peu à peu dans la substance française.

Comment définir ce semi-jansénisme, qui va de pair avec un demi-fidéisme ?

Du point de vue doctrinal, s'il abandonne à Calvin et à saint-Cyran certaines propositions insupportables sur la grâce, en revanche, par compensation, et pour satisfaire quand même la tristesse, il occupe les terrains libres avec des pensées de crainte. On a vu ce même phénomène après les hérésies. Elles subsistent dans la place, une fois rejetées : car, si l'on peut rejeter une doctrine, on ne renonce pas à un tempérament. Le tempérament, après le rejet de la doctrine, se venge et se satisfait en choisissant parmi les thèses restées libres celles qui ont le plus d'affinité avec celles qui viennent d'être condamnées. C'est ainsi qu'il y eut après l'arianisme un semi-arianisme orthodoxe. Le semi-jansénisme orthodoxe consistait, du point de vue doctrinal, à accepter comme le plus probable, le plus convenable, le plus sûr, la thèse du petit nombre des élus. Or, quelle chance peut-il y avoir, si les élus sont en petit nombre, que je sois parmi eux, moi chrétien ordinaire, moi « petite âme », pour prendre le vocabulaire de sainte Thérèse ? Que reste-t-il à faire, sinon soit à se tendre au-delà de tout, soit à se détendre absolument, soit à penser comme les quiétistes qu'on peut encore aimer Dieu dans l'enfer, qu'on doit pousser l'abandon jusque-là.

Naturellement, le gros du peuple chrétien n'allait pas à ces extrémités. Mais il y avait dans la piété une atmosphère qui pouvait se traduire par des propositions de ce genre : Dieu nous aime, mais il y a toujours plus de chances pour que nous lui déplaisions que pour que nous lui plaisions. La vie chrétienne est impossible à un homme du monde. La prédication doit réveiller le tourment. Il n'y a de religion parfaite que chez les religieux. Les femmes mariées sont moins assurées de leur salut que les moniales. Le mariage est toléré, mais il nuit à la vie profonde de l'âme et il nous rend encore captifs de la chair. La terre qui est notre lieu est un pur exil ; le temps est une monnaie avec lequel on peut acheter l'éternité, mais qui n'a pas de valeur en elle-même. La souffrance est le nécessaire pain quotidien. La maladie est un état plus naturel. La concupiscence est un gouffre qui attire et d'où l'on ne peut surgir que par grâce. Le ciel est un lieu de gloire sans relation avec la terre, qui demeure terre de péché.

PREMIÈRE PAROLE

L'AMOUR DE LA CONDITION TERRESTRE

« *Nous n'avons que cette vie pour vivre de foi.* » (CSG 154.)

« *Nous n'avons que les courts instants de notre vie pour aimer Jésus.* » (LT 92.)

« *Il n'y a qu'une seule chose à faire pendant la nuit, l'unique nuit de la vie, qui ne viendra qu'une fois, c'est d'aimer, d'aimer Jésus…* » (LT 96.)

« *Je ne vois pas bien ce que j'aurai de plus après la mort… Je verrai le bon Dieu, c'est vrai, mais pour être avec Lui, j'y suis déjà tout à fait sur la terre.* » (DE 15.5.7.)

« *J'ai plus désiré ne pas voir le bon Dieu et les saints et rester dans la nuit de la foi que d'autres ne désirent voir et comprendre.* » (DE 11.8.5.)

Dans ces propositions paradoxales, il est insinué que l'état de cette vie présente est précieux, enviable. Ne faisons pas dire à Thérèse que la recherche soit supérieure à la possession, ou les moyens à la fin, ou l'ombre à la lumière ! Mais elle veut dire à mon sens que la recherche est une possession latente, que les moyens anticipent la fin et la font savourer, que l'ombre est douce, quand elle est l'ombre de Dieu. Enfin que la foi est un partage noble puisqu'elle permet de montrer l'amour par le courage de croire.

Et c'est bien l'acte de courage que lui permet cette appréciation des biens présents, que les spirituels parfois tendent à déprécier.

Elle est enfant, et elle voit tomber l'éclair. Elle écrit :

«... bientôt l'orage se mit à gronder, les éclairs sillonnaient les nuages sombres et je vis à quelque distance tomber le tonnerre, loin d'en être effrayée, j'étais ravie, il me semblait que le Bon Dieu était si près de moi !... » (A, 14 v°.)

Ou encore, elle voit mourir, et elle écrit cette phrase étonnante :

« C'était la première fois que j'assistais à une mort, vraiment ce spectacle était ravissant... » (A, 78 v°.)

Pour rassurer sa sœur qui craignait de mourir, elle écrivait dans le même esprit :

« *Le bon Dieu vous pompera comme une petite goutte de rosée...* » (DE 7.4.)

Autre texte surprenant, celui où elle parle de ses tentations contre l'idée de survivance de l'âme et où elle indique comment elle s'en fait une joie :

« *Parfois il est vrai, le cœur du petit oiseau* (Thérèse) *se trouve assailli par la tempête, il lui semble ne pas croire qu'il existe autre chose que les nuages qui l'enveloppent ; c'est alors le moment de la* JOIE PARFAITE. (...) *Si de sombres nuages viennent à cacher l'astre de l'Amour, le petit oiseau ne change pas de place, il sait que par delà les nuages son soleil brille toujours...* » (B, 5 r°.)

DEUXIÈME PAROLE

LE SENS DU VRAI

« *Je ne puis me nourrir que de la vérité.* » (DE 5.8.4.)

« *Éclaire-moi, tu le sais, je cherche la vérité.* » (B, 4 v°.)

Cet esprit de vérité est remarquable chez Thérèse. On la voit toujours désirer cet aliment et ne le trouver que dans ce qui est sans exagération, ni légende, ni boursouflure. Elle n'a pas une culture critique qui lui permette toujours de discerner par elle-même ce qui est authentique et ce qui ne l'est pas. Mais on devine en elle une faculté critique qui, si elle avait été cultivée, aurait fait d'elle une intelligence capable d'aller au vrai et incapable de se nourrir d'images. De même, chez Jeanne d'Arc : Jeanne n'est pas théologienne, ni casuiste : elle ne sait ni A ni B ; mais, en écoutant les réponses de son Procès, on devine une intelligence théologale, une étonnante faculté de résolution des cas posés à la conscience, qui, si elle avait été développée, l'aurait rendue égale aux plus grands.

Par exemple, lorsqu'à sa dernière maladie, Thérèse parlait de la Vierge, elle disait :

« *Pour qu'un sermon sur la Sainte Vierge me plaise et me fasse du bien, il faut que je voie sa vie RÉELLE, pas sa vie supposée.* »

Ces textes qu'elle repère, choisit, recopie dans la Bible, sont bien remarquables. Ce sont peut-être ceux qu'une intelligence très avertie de tout aurait aussi élus entre tous : le Psaume XXII *(Dominus regit me)* ; le chapitre LIII d'Isaïe sur le Serviteur souffrant ; le Sermon sur la montagne ; le chapitre XVII de saint Jean *(Je vous ai glorifié sur la terre...)* ; les chapitres XII et XIII de la « Première aux Corinthiens »...

De même, elle cherchait une sainteté où ne se rencontre « *aucune illusion* » (A, 78 r°).

Ce désir de vérité est constant chez Thérèse et il se remarque dès ses plus jeunes années. On pourrait recomposer toute sa spiritualité en partant de l'idée de vérité, et du CONNAIS-TOI TOI-MÊME, qui est le ressort de la philosophie depuis Socrate. C'est pour se bien connaître elle-même dans sa vérité profonde qu'elle n'accepte aucune exagération, même pieuse. C'est par cette idée de vérité qu'elle est, quoiqu'enfant, en avance sur la théologie, la mystique et l'exégèse de son temps. C'est cette idée de vérité qui fait la force de son style, bien qu'elle n'ait pas les dons de l'écrivain ou du poète. C'est cette idée de vérité qui l'apparente à ce qu'il y a de meilleur en chacun et qui la fait si différente de beaucoup d'autres saints, qui ont cédé au lieu commun, assez redoutable en matière de religion. Et rien n'est simple et direct et sublime et *vrai* comme sa dernière parole : « Oui, il me semble que je n'ai jamais cherché que la vérité ! » (DE 30.9.)

Aucun attrait chez elle pour les récits invraisemblables. Au sujet de l'enfance de Jésus, elle fait cette réflexion : « Ce qui me fait du bien, quand je pense à la Sainte Famille, c'est de m'imaginer une vie toute ordinaire. Pas tout ce qu'on nous raconte, tout ce qu'on suppose. Par exemple, que l'Enfant-Jésus, après avoir pétri des oiseaux de terre, soufflait dessus et leur donnait la vie… Ah ! mais non, le petit Jésus ne faisait pas des miracles inutiles… » (DE 20.8.14.)

Une sœur lui disait que les anges, à sa mort, viendraient pour l'accompagner… « Toutes ces images, répliqua la sainte, ne me font aucun bien, je ne puis me nourrir que de la vérité. C'est pour cela que je n'ai jamais désiré des visions… J'aime mieux attendre après ma mort. » (DE 5.8.4.)

TROISIÈME PAROLE

LA RÉPULSION DE DIEU POUR LA SOUFFRANCE HUMAINE

« Le bon Dieu a suffisamment de peine, lui qui nous aime tant, d'être obligé de nous laisser sur la terre accomplir notre temps d'épreuve, sans que nous venions constamment lui dire que nous y sommes mal ; il ne faut pas avoir l'air de s'en apercevoir ! »
(CSG, 58.)

Cette parole de sainte Thérèse est singulière, quand on la compare à l'idée communément répandue. Le vocabulaire de la souffrance a été si employé dans la théologie occidentale qu'il semble que Dieu, sans se plaire proprement à la souffrance de l'homme, la désire en elle-même. Rappelons-nous par exemple Pascal disant que la maladie est l'état naturel du chrétien, qui doit s'étonner d'être en santé : quelle horrible proposition !

Or, la phrase que nous venons de citer de sainte Thérèse implique une sensibilité nouvelle par rapport à la souffrance. Ce n'est point que sainte Thérèse veuille une vie semée de facilités : on sait qu'elle a toujours pris dans la religion sa dimension d'austérité et d'effort, qu'elle a une dévotion particulière au visage crucifié du Seigneur au point d'en porter le nom. Elle s'appelle Thérèse de l'Enfant-Jésus et de la Sainte-Face. On peut dire que sa courte vie a été une suite d'épreuves, dont la plus douloureuse fut la paralysie de son père, avant d'être sa consomption. Mais elle n'attache pas à cette souffrance une valeur de salut *en tant qu'elle est souffrance,* comme souvent les chrétiens y inclinent, comme, surtout, les adversaires du christianisme le leur reprochent. La souffrance, pour Thérèse, est un moyen en vue d'une fin. C'est rejoindre l'idée profonde de *l'Épître aux Philippiens* et de l'*Épître aux Hébreux* : la souffrance du Christ est une conséquence de son obéissance au Père. Elle ne lui est pas imposée à cause d'une valeur de la souffrance en elle-même. Mais, après la chute, la souffrance (par laquelle nous pouvons donner à Dieu une adhésion désintéressée et racheter le mauvais usage de la liberté), la souffrance, dis-je, est un moyen court de nous rapprocher de notre fin. Dieu qui la voit et qui la veut, la voit et la veut à la manière d'un remède ou d'une opération de chirurgie. Et ce moyen violent est si passager ; surtout il est si infime, lorsqu'on le compare à ce qu'il obtient et qui est *d'un autre ordre* : éternel, heureux, immuable. Aussi, on comprend que la sœur de Thérèse ait condensé sa pensée sur le mal par cette image hardie et virgilienne : Dieu souffre de notre souffrance, Il nous l'envoie en détournant la tête.

Dans cette perspective, le Dieu des chrétiens n'est pas un Dieu « vengeur », mais un Amour éternel ; éducateur et sage, qui, loin de multiplier les peines, s'ingénie à les abréger, à les suspendre, à les réduire, autant que cela est divinement possible, pour satisfaire sa justice, laquelle est au demeurant identique à la gloire qu'il désire pour les âmes.

Nous sommes loin de l'idée de la *vallée des larmes*. Ce n'est pas davantage la *pluie de roses*, dont le lecteur superficiel de sainte Thérèse s'imagine qu'elle la voulait continuelle pour ses amis. Nous sommes au-delà de ces deux images, nous comprenons la souffrance dans sa finalité profonde : nous la ramenons à sa mesure divine.

Sous une forme très simple, on retrouve là l'enseignement de saint Pierre et de saint Paul, lorsqu'ils disaient, sans s'être concertés et en partant de points de vue assez différents, que les souffrances de ce temps n'ont aucune mesure avec le poids éternel de gloire, ou que nous sommes attristés pour un peu de temps par diverses épreuves, puisqu'il le faut bien. *Modicum, Leve, Momentaneum.*

Et on pourrait noter que c'est aussi en saint Luc la pensée de Jésus ressuscité, lorsqu'il s'entretient avec les disciples sur le chemin d'Emmaüs : Jésus ne fait pas allusion à la rapidité de la croix ; mais les trois compagnons savaient que ç'avait été rapide, puisque, le jeudi précédent, il n'en était pas question. Et Jésus rappelle la loi de toute chair et de tout esprit : « Ne fallait-il pas que le Christ souffrît et qu'il entrât ainsi dans la gloire ? » (Lc 24,26.)

Quand on pense à l'objection du rationalisme, de l'humanisme et du communisme contre la doctrine chrétienne ennemie du bonheur, on peut mesurer combien cette direction de la mystique thérésienne est opportune.

La souffrance n'est pas l'œuvre de Dieu, du Dieu bon, du Père de qui découle tout bien ; elle est l'œuvre du péché, le fruit du malheur originel : ce fruit amer, l'adorable Miséricorde divine le transforme en un remède « ennoblissant ». Il jouit déjà de nous. « Oh ! que cette pensée fait de bien à mon âme, écrit Thérèse, je comprends alors pourquoi Il nous laisse souffrir ! »

« Les souffrances du temps sont sans proportion avec la gloire future qui sera manifestée en nous », disait saint Paul.

« Ô Croix, repos savoureux de ma vie ! » disait Thérèse d'Avila.

Mais cette espèce de préférence qu'elle avait pour les épreuves, Thérèse à la fin de sa vie la dépassa. Car choisir la croix, c'est encore désirer quelque chose, substituer son désir à celui de Dieu. Un soldat généreux peut demander une mission de péril : mais il se peut que pour le bien et le gain d'un immense combat, la mission périlleuse ne convienne pas, et que l'amoureux ce cette gloire du péril doive se résigner à une existence de combattant cachée, monotone, comme si souvent dans les guerres où l'ennui est un plus grand danger pour l'âme que le danger. Thérèse s'était élevée au-dessus de tout choix. Et vers la fin, elle exprimait ainsi l'état de sa conscience : « Maintenant, je n'ai plus aucun désir, si ce n'est D'AIMER Jésus à la folie... C'est L'AMOUR seul qui m'attire... Je ne désire plus la souffrance ni la mort, et cependant je les aime toutes les deux ! Longtemps je les ai désirées… Maintenant, c'est l'abandon seul qui me guide, je n'ai plus d'autre boussole !… Je ne puis plus rien demander avec ardeur excepté l'accomplissement parfait de la volonté du Bon Dieu sur mon âme… » (A, 83 r°.)

QUATRIÈME PAROLE

LE CIEL CONTINUANT L'ŒUVRE DE LA TERRE

« *Je veux passer mon Ciel à faire du bien sur la terre... Ce n'est pas impossible, puisqu'au sein même de la vision béatifique les anges veillent sur nous.* » (DE 17.7.)

« *Je compte ne pas rester inactive au Ciel, mon désir est de travailler encore pour l'Église et pour les âmes.* (...) *Les Anges ne se sont-ils pas continuellement occupés de nous, sans jamais cesser de voir la Face divine.* (...) *Mon Frère, vous voyez que si je quitte déjà le champ de bataille, ce n'est pas avec le désir égoïste de me reposer, la pensée de la béatitude éternelle fait à peine tressaillir mon cœur, depuis longtemps la souffrance est devenue mon Ciel ici-bas et j'ai vraiment du mal à concevoir comment je pour-*

rais m'acclimater dans un Pays où la joie règne sans aucun mélange de tristesse. Il faudra que Jésus transforme mon âme et lui donne la capacité de jouir… (LT 254.)

« La pensée du bonheur céleste, non seulement ne me cause aucune joie, mais encore je me demande parfois comment il me sera possible d'être heureuse sans souffrir. Jésus, sans doute, changera ma nature, autrement je regretterais la souffrance et la vallée de larmes. » (LT 258.)

Voilà bien des textes étonnants d'amour humain. Déconcertants presque. Et si étrangement modernes !

Pour les commenter, choisissons pour guide Merejskowski, en qui revit la tradition de Dostoïewski qu'il connut dans sa jeunesse. À ses yeux, Jeanne d'Arc et Thérèse de l'Enfant-Jésus appartiennent à un univers de pensée original, en ce qu'elles ne cherchent pas à faire monter la terre jusqu'au Ciel, mais au contraire à faire descendre le Ciel sur la terre.

Il est même curieux de constater que, sous son regard de voyant, condensant et ramassant, Merejskowski rassemble et même renverse les temps, identifie presque les deux Vierges, qui au moment où il écrivait n'étaient pas encore les deux patronnes de la France. Il faut citer :

« Si la France fut réellement sauvée par Jeanne, toute l'Europe le fut aussi : le salut ou la ruine de la France, partie la plus vivante du corps européen, étant la vie ou la mort du corps entier, cette vérité si évidente pour nous au XXe siècle fut déjà pressentie au XVe par Jeanne. Deux grandes saintes – l'une apparue dans la France chrétienne des siècles passés, l'autre dans la France déchristianisée de nos jours – sainte Jeanne d'Arc et sainte Thérèse de Lisieux. Celle-ci ne ressemble pas à celle-là, comme le XXe siècle ne ressemble pas au XVe. Mais Jeanne n'aurait-elle pas pu dire comme Thérèse : *« Je veux passer mon Ciel à faire du bien sur la terre »* ? Dans cette expérience religieuse exprimée par Thérèse avec une telle précision et vécue par Jeanne en silence (avec une profondeur telle que peut-être jamais elle ne fut exprimée et vécue par aucun autre parmi les grands saints), dans cette volonté d'action humaine et terrestre, qui est la source de leur sainteté, non seulement elles se ressemblent, mais elles ne font qu'une seule et même âme dans deux corps : les deux France, celle du passé et celle de l'avenir. *De ce monde-ci vers l'autre, de la terre vers le Ciel, tel est le chemin ascendant de tous les saints ! Il n'y a que Jeanne et Thérèse dont la voie soit inverse, descendante du Ciel vers la terre, de l'autre monde vers celui-ci.* Cette sainteté inverse vient de ce fait étrange : ce n'est pas l'Église dans son renoncement au monde, mais c'est le monde dans son abandon de l'Église, qui fut le premier à reconnaître et à aimer ces deux saintes. *Toutes les deux, elles aiment le monde dominé par le Mal et elles sont aimées du monde.* Peu de jours avant sa mort, Thérèse fit un rêve prophétique : les soldats manquant pour une grande guerre, quelqu'un dit : « Il faut envoyer Sœur Thérèse ! » « J'ai répondu : que j'aurais bien préféré que ce fût pour une guerre sainte », répondit-elle, mais elle partit tout de même pour cette guerre. Après avoir raconté ce rêve : « Oh ! quel bonheur, s'écria-t-elle, j'aurais eu à combattre, par exemple au temps des croisades ! Allez ! Je n'aurais pas eu peur d'attraper une balle ! *(sic)* Est-ce possible que je meure dans un lit ! » (DE 4.8.6 et 7.) [3]

L'idée de Merejskowski était que Jeanne et Thérèse étaient les deux saintes les plus modernes, les plus révolutionnaires et d'une révolution qui commence à peine et qui nous entraîne dans un nouvel âge.

---

3. J'ai condensé les pages 378 à 381 *De Jésus à nous* et j'ai souligné certains passages du texte russe. Et je les ai dépouillés en partie du ton apocalyptique propre à D.M. et qui obscurcit les vérités substantielles qu'il propose.

Lorsque sainte Thérèse se représentait le Ciel, elle ne pouvait le concevoir que comme lui permettant l'exercice d'une charité envers les âmes.

Thérèse Martin compte être encore active dans la gloire et travailler efficacement. Elle n'a point le désir d'entrer dans ce repos que nous souhaiterions pour les morts. Ce n'est point le « *Requiem æternam* », mais au contraire, si l'on peut dire, *l'« Actionem æternam dona nobis Domine* » qu'elle prononcerait : « *Mon Dieu, donnez-moi de pouvoir agir éternellement avec vous !* »

Pour sainte Thérèse, le Ciel est le lieu d'une action continue, de type angélique ; elle pense que c'est à la mort qu'il faut, pour ainsi dire, être armé chevalier et commencer ses fonctions d'Ange de Dieu. Le moment solennel ne sera pas l'heure où elle inaugurera son repos, mais ce sera l'heure d'une activité *illimitée* puisque la vie dans le corps imposait à son action des bornes, l'obligeait à ne remplir sa vocation de charité universelle que par l'offrande de son cœur solitaire, dans ce Carmel clos.

Maintenant, cet amour sans limitation, cette vocation d'avoir toutes les vocations trouvent leur plénitude. Car l'amour de Thérèse, délié des conditionnements, peut s'étendre à tous les points de l'espace, se proportionner à toutes les circonstances de l'histoire, subvenir tous les besoins des missions dans l'Église.

*

*   *

Pour bien comprendre cet aspect si personnel, comparons Thérèse de l'Enfant-Jésus à Élisabeth de la Trinité.

Chez Élisabeth revit plutôt l'esprit du disciple bien-aimé, et on peut dire qu'elle a pris pour axe de ses prières le Discours après la Cène de l'Évangile johannique : c'est l'habitation de Dieu et du Père et du Fils dans nos âmes qui est son repos et son action.

Chez Thérèse, on trouverait plutôt l'esprit de saint Paul, l'ardeur brûlante à prolonger le corps du Christ parmi les hommes, le désir de remplir toutes les vocations, de s'étendre à l'espace entier, de faire aboutir toutes les missions.

Élisabeth reprend plutôt l'itinéraire solitaire de saint Jean de la Croix, qui cherche avant tout à purifier son âme, à la laisser se transformer en Dieu.

Thérèse la petite, quoique sans extase, marche dans les traces de Thérèse la grande.

Comme dans tout parallèle entre deux âmes pleinement universelles, les différences sont des différences d'accent. Élisabeth avouait qu'au Ciel, elle aurait aussi une mission, celle d'aider les âmes à sortir d'elles-mêmes, de les garder dans le grand silence du dedans. Et Thérèse, de son côté, concevait la vie de gloire comme une louange de Dieu. Chacune des deux pouvait paraître emprunter à l'autre des traits secondaires ou complémentaires. Il n'empêche qu'Élisabeth est appelée à un Ciel céleste, où la pensée de la terre est absorbée.

Je plonge en l'Infini, c'est là mon héritage.
Mon âme se repose en cette immensité,
Et vit avec ses Trois comme en l'éternité.

De ce point de vue, elle est dans la ligne classique de la mystique. Et c'est Thérèse qui est un peu révolutionnaire.

Quand on demandait à Élisabeth comment elle entendait « passer son éternité » et si, comme Thérèse, elle « redescendrait » sur la terre, Élisabeth répondait :

« Oh ! non. À peine sur le seuil du Paradis, je m'élancerai comme une fusée au sein des Trois, je m'y enfoncerai toujours davantage. »

CINQUIÈME PAROLE

LE PURGATOIRE, LIEU D'AMOUR

« Si je vais en Purgatoire, je serai très contente ; je ferai comme les trois hébreux dans la fournaise, je me promènerai dans les flammes en chantant le cantique de l'Amour. » (DE 7.8.15.)

« Si vous saviez comme le bon Dieu sera doux pour moi ! » (DE 7.8.15.)

« Pour les petits, ils seront jugés avec une extrême douceur. » (DE 25.9.1.)

La thèse « du petit nombre des élus », la « prédestination » janséniste, le « quiétisme » sont les branches issues du même tronc. Car, si le nombre des chances de mon salut est très petit, il faut à tout prix que je me rassure. Je le puis par la doctrine de la prédestination, qui, en me donnant l'idée que chacun est choisi par un décret divin qui ne tient pas compte des mérites, permet d'espérer que je figure parmi ces élus de prédestination ? Et, si je suis dans la légion des réprouvés, eh bien ! le quiétisme m'offre le moyen d'avoir du repos, puisque je puis dire qu'au milieu de l'enfer, il me sera encore possible de donner à Dieu des marques d'« indifférence » et de « pur amour ».

Chez Thérèse, toutes ces images, plus ou moins morbides, sont coupées à leur racine.

Elle pense que, pour ceux qui ont bonne volonté, le Jugement sera doux. Elle dit, dans son langage, la parole des Anges : « Paix sur la terre aux hommes de bonne volonté ! »

Elle ne s'occupe pas des réprouvés, mais son attitude dans le cas de Pranzini prouve que, même lorsqu'il s'agit d'une destinée en apparence vouée par sa faute au mal éternel, le dernier instant peut tout changer.

Or, ce que son âme d'enfant avait réussi pour un apparent réprouvé, le faisant passer en un instant, par la vertu d'un acte d'amour, « de la mort à la vie », Thérèse devait penser que toutes les âmes pouvaient le faire. De même qu'un miracle n'est jamais qu'un regard offert à l'esprit de l'homme sur l'opération créatrice de Dieu (qui est continue, quoiqu'elle nous soit cachée), de même le miracle obtenu par sa prière en faveur du condamné à mort était pour Thérèse un coup de sonde, un éclair de lumière, où elle apercevait l'universelle opération rédemptrice.

Cette expérience qu'elle a faite de la puissance de la prière (puisque la relation causale entre son humble sacrifice pour le condamné endurci et la repentance inopinée lui fut rendue visible) eut sans doute dans ses réflexions une importance radicale. Il arrive rarement que nous puissions saisir l'accomplissement de la Promesse solennelle, sept fois répétée dans le Discours après la Cène : « Ce que vous demanderez à mon Père en mon Nom, je le ferai » (Jn 16, 23). Elle est cependant une loi du monde invisible.

Thérèse ne vidait pas l'enfer. Elle ne niait pas l'affreuse possibilité de la damnation. Mais elle avait éprouvé sur un point, en un seul moment, le mécanisme de la Communion des saints.

Mais, si elle ne désespérait pas du salut d'un grand pécheur, à plus forte raison croyait-elle au salut des êtres de bonne volonté, qu'elle appelait joliment les *petites âmes*. À la pensée traditionnelle selon laquelle nul ne sait s'il est digne d'amour ou de haine, elle substitue (sans la nier), une vue plus rassurante et plus vraie : « Nul ne sait, dit-elle, s'il est juste ou pécheur, mais Jésus nous fait la grâce de sentir au fond de notre cœur que nous aimerions mieux mourir que de l'offenser. » Un jour, chez les Bénédictines, on l'avait entendu dire cette phrase si féminine : « Si j'étais le bon Dieu, je crois que je les sauverais tous[4]. »

Et maintenant, quelle était sa pensée sur cette inégalité dans les dons de la grâce, qui est troublante ? Il suffit de réfléchir sur l'histoire des âmes, sur la vie de l'Église, sur son propre entourage, pour remarquer (ce que l'Évangile annonçait déjà) que Dieu est maître de ses dons et qu'il donne plus à l'un qu'à l'autre. C'est un mystère que celui de la divine inégalité des dons infinis. Tout l'Évangile est plein de l'inégalité. Dieu donne à celui-là beaucoup plus qu'à l'autre. Certes, l'objection des ouvriers de la première heure est réfutable en distinguant en Dieu la justice qui est comme un devoir et la libéralité qui est son droit. Dieu, ayant rendu justice, peut user de préférence.

4. Elle parlait des petits enfants morts sans baptême. (N.D.E.)

Mais il y a dans la préférence je ne sais quoi qui paraît blesser l'amour. On peut ne pas envier un frère qui a reçu seul l'héritage. Toutefois, comment les relations de frère à frère ne seraient-elles pas modifiées après un partage inégal des biens du père ?

Un philosophe chrétien du XIXe siècle, Jules Lequier, avait fait de la méditation de ce problème l'axe de ses pensées. Cela presque jusqu'à en mourir. Dans une de ses œuvres les plus profondes qui s'appelle : *Abel et Abel*, il montre que celui qui semble avoir reçu *moins*, en réalité a reçu *plus*, car « Dieu fait avec ce qu'il refuse des dons plus riches qu'il n'en fait avec ce qu'il donne ». De sorte qu'entre l'Abel qui a reçu l'héritage et l'Abel qui ne l'a pas reçu, il s'établit une émulation d'amour, où chacun console l'autre[5].

Il m'a semblé que cette vue abyssale se retrouve dans plusieurs pensées de sainte Thérèse et en particulier dans cette idée (subtile d'apparence) qui lui fait dire à la Vierge : « Vous

---

5. Lequier suppose deux frères jumeaux Abel et Abel, qui sont également aimés de Dieu. Mais Dieu a fait à l'un des deux Abel un don incomparable. Trois hypothèses. La jalousie ; la renonciation de l'Abel privilégié au profit de l'Abel défavorisé. Mais ces deux solutions sont imparfaites, dit Lequier. La vraie solution est celle-ci : Abel défavorisé supplie son frère d'accepter d'avoir plus, et il le console d'avoir été préféré.

qui avez tout, il vous manque infiniment, puisque vous n'avez pas de Mère céleste à aimer, étant vous-même cette Mère. »

« Ô Marie, si j'étais la Reine du Ciel et que vous soyez Thérèse, je voudrais être Thérèse afin que vous soyez la Reine du Ciel !... » (Pri 21, 8/9/1897.)

On sait qu'elle écrivait ces phrases, que je commenterai bientôt, trois semaines avant sa mort.

Celui qui les aurait pénétrées aimerait sa condition terrestre. Ici encore, nous retrouvons l'idée de Thérèse (si nouvelle dans l'histoire du sentiment religieux occidental) que, malgré sa précarité et sa fragilité, la condition mortelle, la vie de foi est *enviable.*

À y bien réfléchir, une pensée de ce genre est contenue dans l'idée même de *création* et surtout dans celle *d'incarnation*. Mais il faudrait de longues pages pour montrer ces implications.

Ce qui est remarquable chez Thérèse, c'est qu'elle enlève aux peines du Purgatoire leur caractère atroce, que, comme sainte Catherine de Gênes, elle les repense dans l'amour. Au fond, toute « âme du Purgatoire » est dans la voie de la plus haute vie mystique, au milieu de ses épreuves. Le feu du Purgatoire est un feu de joie, celui de l'enfer un feu de tourment.

L'Amour nous enveloppe toujours : c'est nous qui, par notre attitude envers lui, le transformons en feu ou en lumière. Les âmes du Purgatoire sont nécessairement des contemplatives, faisant une expérience de Nuit, comme les grands mystiques en ont fait et la Vierge elle-même, bien qu'elle n'ait pas connu le péché. À la différence des plus grands mystiques de la terre qui sont encore dans le combat et dans une sorte d'incertitude sur leur fin, elles n'ont plus d'inquiétude ; elles sont « dans la main de Dieu » ; elles se promènent au milieu des « flammes » comme les enfants de l'amour dans la fournaise. Et si l'attente de la délivrance leur est douleur et peut-être de plus en plus à mesure qu'elle approche (comme mon expérience d'ancien prisonnier de guerre me porterait à le croire), elles ont du moins l'absolue certitude : elles sont dans l'éternité, et sur le bon versant. Elles ne connaissent plus ce que le cardinal Newman, dans ce poème sur le Purgatoire appelé *The Dream of Gerontius*, appelait : le battement affairé – *the busy beat of time.* Délivrées de l'enveloppement biologique et des obligations sociales, voire même des soins qu'imposent les devoirs, elles sont toutes à Dieu, toutes en Dieu, toutes pour Dieu. Et il est même vraisemblable de penser qu'elles ne voudraient pas que ce délai fût abrégé, parce qu'elles sont absorbées dans l'amour de la volonté de Dieu. sainte Catherine de Gênes (que Thérèse ignorait, mais en qui elle se serait souvent reconnue) disait que les âmes du Purgatoire étaient dans la joie parmi leurs souffrances, si elles s'oubliaient elles-mêmes, et qu'elles ne pouvaient même pas se tourmenter par le regret stérile de n'avoir pas vécu plus saintement. Ainsi, comme le pensait Thérèse, au sein de la peine purifiante il y a, dans l'état intermédiaire du Purgatoire, une nappe profonde de paix et de sérénité. Et pour nous « pauvres pécheurs », qui ne pouvons guère espérer d'être admis d'emblée à la Vision, c'est une joie de savoir que dans ce lieu de ce que j'appelle le *développement pur*, nous serons établis dans l'état d'un *pur amour*, et délivrés de la seule angoisse qui soit vraiment angoisse : celle de pouvoir mal agir et mal être.

SIXIÈME PAROLE

L'EFFORT SANS EFFORT

« *Je serai près de vous, soutenant votre main, afin qu'elle cueille sans effort la palme du martyre.* » (LT 254.)

« *La mitraille, le bruit du canon, qu'est-ce que cela, quand on est porté par le Général ?* » (LT 200.)

« *Est-ce trop demander que de fermer les yeux ? de ne pas lutter contre les chimères de la nuit ?* » (LT 205.)

Les textes de ce genre abondent dans les *Lettres et les Paroles* de la sainte et peut-être n'a-t-on pas saisi leur intérêt si actuel et si vif ?

Rien n'est plus difficile à commenter que les conseils d'apparente facilité. Parfois les « êtres de génie » les donnent avec une inconscience curieuse. C'est que le génie, qui est en lui-même une facilité, n'est pas imitable. Si Raphaël avait dit (et, en effet, il le faisait) : « Faites comme moi. Travaillez sans effort. C'est lorsqu'on ne pense pas à son sujet que tout se présente mieux » : ce conseil serait-il praticable ?

Chez Thérèse, sans doute, il y avait ce paradoxe du « génie », ou de « l'enfance », ou de la « grâce », qui veut que les actes difficiles paraissent simples et naturels. Ces privilégiés nous disent : « Soyez mes imitateurs », sans se rendre un compte exact qu'il nous faudrait un travail extrême pour équivaloir au don. Quand Thérèse dit : « Faites comme moi. Imitez l'Enfant », c'est comme si elle disait : « Faites comme moi : ayez du génie. » Elle voit malaisément la difficulté d'avoir une voie facile.

Et, pourtant, on peut trouver dans ces conseils de non-effort, dans ces *expressions de Jeu,* une vérité profonde, que la psychologie moderne et en particulier la psychanalyse vient de mettre en lumière.

Si l'on voulait résumer ces vues (et je songe en particulier aux beaux travaux d'Abramowsky et de Charles Baudoin sur la *Suggestion et l'Autosuggestion,* comme aux conseils répétés d'Alain dans ses *Propos*), on pourrait dire qu'il existe, en réalité, deux sortes d'effort qu'on a jusqu'ici trop confondus. Un effort qui contracte, qui augmente donc la force de l'obstacle, comme on le voit chez les commençants, les timides et les rétractés.

Cet effort (Alain dit justement que *celui qui fait effort travaille contre soi*) est une sorte de poison engendré par l'acte de volonté. Cet acte, quand il excède ses bornes, *secrète,* si nous n'y veillons pas, une crispation. Il rétrécit le champ de l'attention et il lui enlève une part de son efficacité. Toute volonté de ne pas faire attention à l'ours noir, non seulement fait apparaître l'ours noir, mais elle accroît sa puissance et sa noirceur. C'est pourquoi la vraie méthode pour résister à la tentation serait de se divertir.

Tous les spirituels le savent, tous les directeurs de conscience. Mais a-t-on compris que c'est encore trop de parler de tentation, et que le courage ici consiste à en fuir même l'image, qu'on est perdu dès qu'on résiste d'une certaine manière tendue, laquelle donne à l'image qu'on veut supprimer quelque chose d'hallucinatoire ?

Les conseils de saint François de Sales se retrouvent souvent chez Thérèse qui recommande *la fuite,* qui évite le plus possible la lutte de la volonté contre l'image contraire et qui aurait pu approuver cette loi exprimée par Coué, et qui résume la pratique bienfaisante de ce psychologue français, moins connu que Freud, mais qui aurait été digne de fonder une école à Nancy :

> *Lorsqu'il existe une lutte entre la volonté et l'image, la force de l'image croît comme le carré de la volonté.*

Par exemple, si j'ai peur et que je lutte contre la peur, au lieu de diminuer la peur, je l'augmente dans des proportions croissantes. C'est pourquoi les chefs de guerre ne luttent pas contre la peur de leurs troupes ; ils les occupent. C'est pourquoi souvent rien n'est pire, à leurs yeux, que la seule défensive.

Mais cela ne veut pas dire qu'il ne faille pas faire l'effort. Cela veut dire qu'à côté de l'effort qui est une crispation du vouloir, il existe un effort favorable, beau et bon, qui est la détente du vouloir – qui va dans le sens du génie de l'effort. Cet effort que les spirituels appellent *l'abandon* (et qui est, en un sens, un effort sans effort) est plus difficile que l'effort ordinaire. L'effort ordinaire exige une habitude de la volonté.

« Il y a là, disait Bergson, quelque chose qui n'a pas encore été analysé jusqu'à présent, et qui demeure le grand mystère. Car je me dis : ceux qui ont obtenu l'excellence sans effort, ceux-là ont fait un effort, mais de qualité tout autre que l'effort commun : un effort pourtant qui n'est pas instantané, qui ne rentre pas dans la catégorie de l'instant, qui est comme la résolution simple dans laquelle entre, à l'état de concentration, quelque chose que nous ne connaissons que dilué, occupant une certaine durée, une certaine étendue.

« Sans doute la religion n'admettrait pas qu'un homme soit ainsi d'emblée placé au plus haut. Pour ma part, je doute qu'un homme naisse parfait. Il faut qu'à un moment donné soit intervenu un secours d'En-Haut, plus ou moins mérité.

« Il en est qui arrivent à cet état très élevé par un effort de progression plus ou moins rapide de leur part, et qui, du dehors, semblent y être arrivés tout de suite mais, à l'intérieur, il doit y avoir l'équivalent de cet effort.

« Je rapproche ceci de mon expérience de cavalier. Étant jeune, j'aimais et pratiquais l'équitation. Un jour vint où je pris la résolution de faire sans effort ce que j'avais fait avec effort. Le résultat fut bien meilleur lorsque je passai de l'état de tension à l'état de rémission et de confiance. Mais cet état est très difficile à analyser ; il demanderait à être étudié dans ses conditions. Je voyais bien, en tout cas, qu'il ne s'agissait pas ici de courage, car le risque était nul. C'était peut-être la confiance de s'en remettre entre les mains de qui ? de quoi ? je ne sais. Mettons : du génie de l'équitation, car je n'oserais dire : de Dieu. Il s'agissait d'une confiance absolue, équivalent quasi instantané de toute une série d'efforts, et qui me donnait la souplesse, l'aisance et encore quelque chose de plus. Pour être fin cavalier, il faut commencer tôt ; on y arrive plus ou moins vite, plus ou moins aisément. Mais ceux qui ont fait effort gardent toujours quelque chose de l'effort qu'ils ont dû faire pour y parvenir. D'autres acquièrent très vite une aisance parfaite et absolue ; c'est le privilège d'un petit nombre. J'avais, pour moi, à faire un gros effort ; mais je sentais que j'aurais pu arriver au même résultat sans effort, et que cependant il y aurait eu toujours un quelque chose qui aurait été le substitut de cet effort, qui l'eût contenu sous une forme simple. Il s'agit là d'un état indéfinissable, intermédiaire entre une disposition physique et une disposition morale : si j'avais su l'analyser, je me serais inventé une méthode pour l'action.

« Oui. D'un plan à l'autre, on retrouve quelque mystérieuse disposition, qui s'applique parfaitement dans l'état de Grâce, qui s'applique ailleurs métaphoriquement, mais de telle manière que sous cette métaphore il existe quelque chose de réel, à déterminer expérimentalement.

« Le commun des hommes a plus de confiance en celui qui est parvenu d'emblée à cet état, et qui est naturellement honnête, qu'en celui qui a fait un effort pénible, douloureux, pour y parvenir. Et ce sentiment est vrai, sans doute, parce que chez le premier il doit y avoir un équivalent éminent de l'effort méritoire accompli par le second[6]. »

On ne peut s'exprimer d'une manière plus précise. Ce second effort que j'appelle « abandon » contient, comme une pièce d'or contient sa monnaie, l'*équivalent éminent* des efforts.

Sainte Thérèse voudrait voir ses amis s'élever à cette hauteur de l'effort sans effort, qui est, en cette matière, l'analogue du génie. Et c'est parce qu'il y a un rapport entre l'activité du génie et celle de jeu que Thérèse prit la belle habitude de traduire les travaux de l'ascèse dans le langage du Jeu. Admirable ressource. Comme le mot de *jeu* et la conduite de *jeu* éveillent naturellement chez nous l'acte d'aisance, en transcrivant l'effort dans la langue et dans le comportement du jeu, on évite la contraction de l'angoisse naissante. La

---

6. Texte cité dans Jacques CHEVALIER, *Entretiens avec Bergson*, Plon, 1959.

joie assisienne, l'abandon montfortain, l'humour de Cottolengo et des Salésiens me paraissent répondre, d'une manière apparentée, à ce problème si difficile dans la vie spirituelle. Saint Philippe Néri, lorsqu'il sera encore mieux connu, apparaîtra comme le virtuose de ce genre d'effort.

Il est vrai que toutes ces méthodes qui veulent faire atteindre le but *d'emblée* (selon l'admirable mot d'Henri Rambaud : « L'excellent coûte moins de peine que le médiocre ») peuvent amener à l'illusion. On se croit génial, alors qu'on est à peine correct ; on confond spontanéité et génie. Et les méthodes ascétiques d'Ignace de Loyola ou de Vincent de Paul, fondées sur l'Exercice et la Pratique, doivent substituer à la base de ces méthodes d'aisance, comme les gammes du virtuose, chaque jour recommencées.

Chez Thérèse on remarque que l'ascétisme est sans cesse rappelé : elle enseigne *l'exercice* incessant des vertus infinitésimales, par une application inconsciente de l'idée leibnizienne de « l'infiniment petit » du sacrifice[7].

---

7. Je me permets de conseiller au lecteur mon livre sur *le Travail intellectuel*, Aubier, p. 168 sq., où je développe une méthode qui tend à supprimer le mauvais effort dans l'étude et le travail de l'esprit. Un spirituel bénédictin m'a dit qu'il avait tiré profit de ce livre pour sa vie intérieure. Tout est dans tout.

SEPTIÈME PAROLE

L'IRRÉALITÉ DU TEMPS ET L'ÉTERNITÉ DU MOMENT

« *Jésus ne regarde pas au temps, puisqu'il n'y en a plus au Ciel.* » (LT 114.)

« *La vie est donc un songe ? et dire qu'avec ce songe nous pouvons sauver les âmes !...* » (LT 130.)

« *Le temps, ce n'est rien qu'un mirage, un rêve : déjà Dieu nous voit dans la gloire, Il jouit de notre béatitude éternelle.* » (LT 108.)

« *Chaque instant c'est une éternité, une éternité de joie...* » (LT 96.)

Ce qui semble avoir été l'occasion des réflexions de Thérèse sur l'irréalité du temps, c'est la découverte que Thérèse a faite du fameux chapitre LIII d'Isaïe sur le Serviteur souffrant.

Qu'Isaïe ait décrit « ces beautés » cachées « de Jésus » il y a si longtemps oblige Thérèse à s'élever au-dessus de la succession, à comprendre que l'*avant* et l'*après* en Dieu sont contemporains, puisqu'Isaïe et elle ont la même vision du Christ.

« Je me demande ce qu'est le temps », écrit Thérèse à Céline en 1890 ; elle ne sait pas encore que saint Augustin s'était posé la même question : « Le temps, ce n'est qu'un mirage, un rêve… déjà, Dieu *nous voit dans la gloire, il jouit de notre béatitude éternelle !* » (LT 108.)

Cette pensée, prise en elle-même, est fort audacieuse. Et, seule, l'Enfant peut se la permettre. Thérèse se place d'emblée au point de vue de Dieu prédestinant. Puis avec une espérance excessive, elle se compte (sa sœur et elle, semble-t-il), parmi les élus. On se souvient de la question posée à Jeanne d'Arc et qu'elle avait éludée : « Si je ne suis pas en état de grâce, Dieu m'y mette ; si j'y suis, qu'il m'y garde. » Jeanne d'Arc répondait, en se maintenant sur le plan humain, dans nos perspectives d'incertitude, dans notre incertitude du « don de persévérance ».

Mais l'Enfant, dans ses audaces, se donne le droit d'accéder au plan divin de l'éternité et de la prédestination d'amour. Dans ce plan, elle ne peut se voir qu'aimée et Dieu jouissant de la béatitude de son âme. *Le temps n'est pas, et Dieu est amour.* Et elle sait qu'elle *aime*. De ces propositions poussées à l'extrême, jaillit l'affirmation de Thérèse : Dieu jouit déjà de ma gloire.

Mais, cela étant posé, Thérèse ne tombe pas dans l'abîme. Elle ne confond pas le plan de Dieu qui voit éternellement et le plan de l'homme qui agit dans un temps incertain. Toute proposition de prédestination devait conduire à l'orgueil et à la paresse. L'âme pourrait se dire : « Je suis déjà sauvée. Donc je puis tout me permettre, ou du moins demeurer dans l'indolence. »

Thérèse tire de cette confiance poussée à l'excessif des conséquences toutes contraires. Si Jésus me voit déjà dans la gloire, c'est qu'il veut que je mérite ce qu'il me donne. Il faut donc que j'agisse de toutes mes forces, et que je supporte de tout mon amour. Qu'« il me fasse porter des vêtements teints de sang », qu'« il ne marchande pas avec moi » !

Nous sommes donc à l'opposé de l'idée de Pélage pour qui l'effort humain était la cause unique de la récompense céleste. Pour Thérèse, comme pour saint Augustin, c'est la grâce (dont la gloire est la visibilité) qui est la cause première des mérites.

Mais l'Enfant *se joue* dans ces problèmes insondables, et où l'erreur d'expression menace de toutes parts, le langage étant mal fait pour affirmer à la fois la plénitude de la grâce et la plénitude de la liberté, la réalité de l'éternité incréée et la réalité de la succession temporelle et de son incertitude.

Thérèse a raison de noter qu'elle dit ici « des choses que la pensée peut à peine traduire, des profondeurs qui sont dans les abîmes les plus intimes de l'âme ».

Mais, comme elle est habile, sans le savoir ! À la différence de Calvin, elle fait entrer l'âme dans les desseins de la prédestination miséricordieuse, sans aucun élément d'angoisse. L'amour ici vraiment « bannit la crainte ».

*

*   *

On comprend, quittant ces hauteurs, qu'elle puisse donner à ce moment présent, qu'elle semble nier, une valeur presque infinie.

J'ai observé que le problème du passage de l'éternel dans le temps et du temps dans l'éternel était, de tous les problèmes posés à l'esprit, le plus intime. Et aussi, que la plupart des grands esprits tendaient à le résoudre par cette pensée profonde mais fausse (on pourrait dire profondément fausse), que le salut n'est pas à chercher *après* le temps dans une éternité bienheureuse, mais que nous accédons à la vie éternelle, lorsque nous goûtons, comme les plus grands artistes, certains moments d'éternité. Des moments de joie parfaite, qui, disent-ils, *valent* une éternité, et à la limite, *sont* l'éternité même.

Chez les modernes, la morale, en entendant ici par morale « la technique de la joie parfaite », est souvent l'art d'accéder à ces moments d'éternité, qui vous dispensent de l'espérance en vous donnant sur la terre le sentiment d'une possession éternelle. Il existe des formes très élevées, très subtiles de ces techniques d'éternisation, ainsi chez Aristote, chez Spinoza, ou même chez Jean-Jacques Rousseau, chez Jean-Paul Sartre. Il existe aussi des formes basses et vulgaires : toutes les apologies du plaisir des sens consistent à promettre un bonheur infini dans l'instant.

L'erreur de ces doctrines n'est pas de supposer que le moment présent est pour l'homme le seul point par où il puisse communiquer avec l'absolu, ni même de suggérer que le moment présent, le « maintenant-aujourd'hui » est comme le sacrement de l'éternité dans le temps. L'erreur métaphysique consiste à enseigner d'une part qu'un moment présent, temporel et terrestre, peut équivaloir à la béatitude éternelle, et d'autre part qu'on doit nier l'existence et condamner l'espérance de cette Éternité qui suit la mort pour ne désirer que « l'éternité » de certains instants terrestres. Au fond, une telle pensée est la définition pratique de l'athéisme, quand il est envisagé dans ses conséquences sur l'usage du temps et l'espérance d'un au-delà. « Mangeons et buvons car demain nous mourrons. » Saint Paul cite cette devise de l'homme charnel, qui est logique dans sa négation de l'avenir. Et saint Thomas dit profondément qu'un des fruits de la luxure est l'horreur du siècle à venir : *odium futuri sæculi.* « Après moi, le déluge. » Telle est l'erreur philosophique de cette doctrine qui pousse à cette maxime d'action : « Choisissons des moments parfaits, que le temps y suspende son vol ! Ce sera notre *seule* éternité et notre *seul* salut. »

Mais la conséquence, le fruit et comme le châtiment, presque immanquable, de cette erreur de l'esprit est qu'après avoir exalté la recherche et la jouissance des moments les plus purs, ceux de la contemplation intellectuelle ou artistique, on en vient à exalter les moments médiocres du sentiment (ainsi dans « *le Lac* » de Lamartine) pour ne retenir finalement que le moment de la volupté – qui est la seule religion d'un si grand nombre.

Et d'ailleurs le difficile en ces matières est de tenir, comme dirait Bossuet, les deux bouts de la chaîne : voir le temps comme un passage provisoire, c'est-à-dire comme « un rien » ; voir l'instant présent comme le seul lieu du salut et de la joie, c'est-à-dire comme un « tout ».

Un grand ami de Thérèse, le cardinal Mercier, avait dit : « À quoi se réduit pour chacun de nous le jeu des causes secondes dont la Providence tenait dans notre passé les fils ? – À une chose unique : à préparer le moment présent ? – Je n'ai plus à gémir sur le passé qui n'est plus, ni à m'inquiéter de l'avenir qui n'est pas. C'est le seul moment présent que je veux bénir, et, fût-ce avec des serrements de cœur et même des frissons, intrépidement réaliser. »

La même pensée se retrouve chez Thérèse d'une manière plus poétique. Et il suffit de citer son cantique :

Ma vie n'est qu'un instant, une heure passagère,
Ma vie n'est qu'un seul jour qui m'échappe et qui fuit.
Tu le sais, ô mon Dieu ! pour t'aimer sur la terre,
Je n'ai rien qu'aujourd'hui !...

Que m'importe, Seigneur, si l'avenir est sombre ?
Te prier pour demain, oh ! non, je ne le puis !...
Conserve mon cœur pur, couvre-moi de ton ombre
Rien que pour aujourd'hui.

Je volerai bientôt, pour dire ses louanges,
Alors je chanterai sur la lyre des Anges,
Quand le jour sans couchant sur mon âme aura lui :
L'Éternel Aujourd'hui !...

(PN 5.)

*

* *

J'ai été souvent frappé de la ressemblance entre la spiritualité de sainte Thérèse de l'Enfant-Jésus avec celle du Père de Caussade, qu'elle a sans doute, non pas connu, mais respiré comme un parfum. Il faut se souvenir du succès rencontré par le livre de Caussade sur l'Abandon, paru en 1861 à Paris et qui avait été composé par le Père Ramière, jésuite, avec des extraits de lettres. Il fut réédité tout le long du XIXe siècle. Caussade avait une sorte de génie : tous ceux qui l'ont pratiqué me donneront raison. Il conciliait Bossuet et Fénelon sans le même talent, sans la doctrine juste mais sèche de l'un, sans la souplesse, la douceur un peu ambiguë de l'autre, mais avec une fermeté, un délié, une sagesse simple, parfois un étonnant bonheur dans le raccourci. Que citer de Caussade dans l'esprit de Thérèse ? Peut-être ceci : il développe l'idée que l'abandon est une disposition générale à faire ou à pâtir, mais sans choix de l'objet à quoi la volonté suprême nous veut appliquer. Et il dit que cette volonté de Dieu se raccourcit et s'abrège dans la qualité du moment présent et passe ainsi dans les facultés et de là dans les choses. Pour Caussade, c'est tout un de jouir ou de ne pas jouir de Dieu. Jouir, s'appelle « pur amour » plénitude de confiance et de lumière. Ne pas jouir, c'est la pure foi, dans l'obscurité : mais les ombres de la nuit sont toutes pures, « le pur amour voit, sent et croit, la pure foi croit sans voir ni sentir ». Caussade a bien exprimé cette parfaite, profonde et pure identité de tout avec tout qui est l'effet de cette même action divine remplissant les siècles des siècles et les égalisant avec l'infiniment petit de chaque seconde humaine.

Je trouve aussi des affinités entre Thérèse la normande et cet homme si précurseur que fut à la fin du siècle dernier et dans le même temps que Thérèse (sans la connaître le moins du monde), l'abbé de Touraille. Il nous manque encore sur ce Spirituel, ce Philosophe novateur en bien des points, une étude d'ensemble, qui ferait ressortir l'unité en Touraille de la Pensée, de l'Action sociale (dans la ligne de Le Play) et de la Spiritualité. Il avait été formé par les meilleurs directeurs d'âmes du siècle, en particulier par Mgr Gay et Mgr de Ségur. Mais ses contacts avec le monde anglo-saxon, l'expérience de sa vie, si active et si souffrante, lui avaient donné des dimensions, des perspectives neuves, une qualité de certitude, de hardiesse et de joie qu'on ne trouve pas au même degré dans l'École française, toujours marquée par l'austérité. C'est bien la même veine que chez Caussade, mais avec un accent moins métaphysique, moins sublime et dans des voies encore plus abordables par chaque âme et qui annonce la simplicité et la joie, supérieures encore, de Thérèse.

Voici, presque au hasard, quelques *paroles* de l'abbé de Touraille :

« Il faut absolument faire la vie actuelle bienheureuse et donner toute son ampleur béatifique à la grâce présente, et faire de la grâce présente quelque chose de bien autrement intense et usuel et facile qu'on ne l'imagine. »

« Dieu est d'une indulgence amoureuse à qui y compte, non pour l'offenser mais pour l'aimer d'un cœur plus confiant, d'un esprit plus libre et d'une âme plus éprise. »

THÉRÈSE, ÉLISABETH, ÉDITH

Il faudrait aussi évoquer la figure d'Édith Stein, la carmélite philosophe et théologienne, juive convertie, disciple de Husserl, morte pour sa race et pour sa foi, victime de sa première et de sa seconde naissance[8]. Nul caractère plus différent que celui de Thérèse Martin. Édith Stein avait dans son tempérament premier la hauteur, l'inflexibilité juives, l'ardeur abstraite, la joie plus que la grâce, la décision et non pas le sourire. Elle n'était pas de ce milieu petit-bourgeois, fixé au sol, si caractéristique de la substance française, elle appartenait à ces familles juives campées dans l'Europe orientale et toujours sous le coup d'un exode, d'une persécution. Sa vocation était non seulement une

---

8. On lira sur *Édith Stein* le livre de Jean DE FABRÈGUES, dans la collection « Conversions ».

vocation à l'Idée, mais à toute la rigueur, l'exigence, le dénuement de l'Idée : aussi elle se dévoua, d'un attachement absolu, à son maître Husserl, le fondateur de la « phénoménologie », qui était apparentée au thomisme non par sa doctrine, mais par la méthode intellectuelle. Elle acheva la phénoménologie dans le thomisme, comme elle avait achevé le judaïsme dans sa plénitude catholique, comme elle avait achevé le baptême dans la profession carmélitaine.

Et pourtant, entre Thérèse Martin et Édith Stein, il y a des ressemblances profondes.

Elles s'apparentaient par la simplicité de l'amour. Une amie d'Édith lui avait confié son désarroi devant le ton un feu fade de l'*Histoire d'une Âme*. Édith, la philosophe, lui répondit : « Ce que vous m'écrivez de la petite Thérèse me surprend. Jusque là je n'avais même pas songé qu'on puisse l'aborder de cette manière. La seule impression que j'ai eue, c'est que je me trouvais là devant une vie humaine uniquement et totalement traversée jusqu'au bout par l'amour de Dieu. Je ne connais rien de plus grand, et c'est un peu de cela que je voudrais autant que possible, transporter dans ma vie et dans la vie de ceux qui m'entourent. » On retrouve dans ces deux moniales le même désir absolu du vrai. « En elle tout est absolument vrai », disait Husserl. Et encore : « Il est remarquable de voir Édith découvrir comme du sommet d'une montagne la clarté et l'ampleur de l'horizon, avec une merveilleuse agilité et transparence. » Et Dom Walzer : « Nous étions l'un et l'autre de fervents partisans d'une piété sans problème. Elle était exceptionnellement simple. »

Les belles études d'Élisabeth de Miribel sur Édith Stein nous invitent à d'autres comparaisons. On devine sous les circonstances de vie les plus opposées, des similitudes d'âme.

Ainsi, considérons l'amour des parents. Thérèse aimant avec passion un père très catholique et qui a presque, sous la maladie, perdu l'usage de la raison. Édith aimant du même amour sa mère juive, qui ne se convertira jamais à la foi. Thérèse dans sa famille si comprise, Édith si solitaire et incomprise.

Thérèse ayant peu lu, presque ignorante. Édith ayant tout lu, notamment en philosophie moderne, en théologie mystique, prenant part à des congrès de phénoménologie, écrivant sur le « fini et l'éternel » un ouvrage d'une extrême densité.

Thérèse mourant de maladie au milieu de ses sœurs dans la paix d'une infirmerie, sur un lit blanc. Édith mourant dans une autre solitude, inimaginable, sans sœurs ni compagnes, au four crématoire sans doute.

Mais, si les situations sont différentes et jusqu'à l'extrême, la manière de les assumer est analogue – comme pour nous faire voir que la matière de notre action est indifférente et que c'est la forme d'amour qui est tout : « Faire les grandes choses comme petites, à cause de la majesté de Jésus, et les petites comme grandes, à cause de sa toute-puissance », disait Pascal.

*

* *

Les Trois désormais sont difficilement séparables : celle de Lisieux ; celle de Dijon, Élisabeth de la Trinité ; celle des marches de l'Est, Édith Stein. Et l'on peut dire que, dans l'échelle intellectuelle, en allant vers l'Est, nous montons vers les hauteurs les plus pures : Élisabeth de la Trinité est plus instruite que Thérèse ; Édith dépasse infiniment Élisabeth par sa culture. Mais cela permet d'apprécier davantage ce je ne sais quoi qui était le sujet de ces notes et que faute d'un autre mot j'ai appelé le génie (*ingenium*) ;

quelque chose de plus neuf, de plus direct, de plus renouvelant, quoique indiciblement simple, de plus communicable, de plus ami des hommes et des humbles, de moins spécialisé, de plus imitable par les pécheurs. « On regarde, disait Newman, comme le plus élevé des dons, de posséder sans raisonnement ni investigation, une connaissance intuitive de ce qui est beau dans l'art, ou de ce qui est efficace dans l'action ; c'est là en effet le GÉNIE. » Et pour nous rassurer, il ajoutait : « Ceux qui communiquent par intuition avec la vérité morale ont, en proportion, atteint, dans la partie spirituelle de leur nature, cette perfection spéciale que l'on trouve si rarement et à laquelle on attache tant de prix, parmi les qualités intellectuelles de l'âme. »

LA DÉVOTION MARIALE CHEZ THÉRÈSE

L'ordre du Carmel garde dans sa tradition l'idée d'une donation à la Vierge Marie, qu'il tient pour la souveraine de tous les mondes, et même du Purgatoire. Tel est sans doute, le sens caché de la consécration de Simon Stock.

On me dira que la plupart des grands Ordres religieux s'honorent d'une protection *spéciale* de la Vierge, ou du moins d'une manière particulière de la comprendre. Sur chacun de ces Ordres, Marie règne, comme la lumière sur la facette d'un diamant qui a des facettes en grand nombre, et où chacune peut se croire visitée par le soleil. Mais le Carmel a une prévalence d'antiquité, puisque seul il peut se rattacher à l'ancienne Économie : tout se passe comme si le Carmel avait été fondé, avant le Christ, par la

Vierge antécédente, c'est-à-dire par l'Idée de la Vierge en Dieu.

Il n'est pas besoin au Carmel que le nom de la Vierge soit distinctement prononcé, qu'un de ses attributs soit explicitement signalé et promu : c'est l'atmosphère même qui est *mariale* au Carmel par la fondation, par l'imprégnation, par la consécration, par l'hommage du silence. Aussi toute vie carmélitaine, même si elle ne se propose pas explicitement une imitation spéciale de Marie, contient *éminemment* cet esprit marial.

Cela rend l'analyse plus difficile. Car ce qu'on nomme de nos jours *analyse* s'attache à ce qui est déclaré, que l'analyse décompose. Certes la discipline nouvelle qu'on nomme *psychanalyse,* se plaît à détecter les structures inconscientes, généralement les plus basses. Mais, de nos jours, ce qui est vraiment virtuel dans un être n'est pas mis en lumière, bien que le virtuel soit essentiel dans l'homme, qui émerge d'une première ombre germinale, qui est *déjà* en un sens tout ce qu'il doit devenir.

Il fallait faire cette remarque au seuil de cette courte étude. sainte Thérèse de l'Enfant-Jésus n'échappera pas à cette loi profonde de toute vie carmélitaine. On ne doit pas s'attendre à voir la Vierge au foyer visible de sa spiritualité, comme dans plusieurs mystiques de l'École française, qui ont été remis en honneur ces derniers temps ; je songe surtout à M. Ollier, à Bérulle, à saint Jean-Eudes, surtout à saint Louis-Marie Grignion de Montfort.

D'admirables études ont paru (entre lesquelles brillent, pour moi, celles de MM. H. Martin, de l'abbé Combes, du Père Victor de la Vierge, du Père Nicolas). Je ne pourrais que les reproduire ou les démarquer. Force m'est, pour ne pas entrer dans les sentiers battus, de noter quelques impressions, trop personnelles peut-être.

*

* *

Il n'est pas douteux que Thérèse dans sa famille, si traditionnellement chrétienne, n'ait été inclinée vers la dévotion mariale de très bonne heure. Et comme, à la manière des génies de type angélique, elle donnait à tout ce qu'elle disait une frappe et une fraîcheur neuves, lorsqu'elle reprend les expressions ou les coutumes usuelles, elle les fait pour ainsi dire croître d'un degré. Or, croître dans la vie spirituelle, c'est simplifier et c'est se simplifier, pour s'approcher de la Simplicité incréée et ineffable : non pas par cette fausse simplification qui appauvrit pour adapter le *plus* au *moins* (comme lorsque l'adulte présente un mystère à l'intelligence enfantine) ; mais par cette vraie simplification qui enrichit, qui ajoute le *mieux* au *plus*, car elle est un raccourci sublime. C'est de ce point de vue que « l'enfance spirituelle » n'est pas le premier terme mais le dernier terme de la vie spirituelle, encore que certains puissent y atteindre par privilège (en même temps que par un extraordinaire effort), alors qu'ils sont à peine sortis de l'enfance.

Parmi les *mots* échappés à la plume de Thérèse sur la Vierge, j'en relève quelques-uns, sans noter la date, mais plutôt hors de tout développement chronologique, et un peu au hasard de mes lectures. J'en choisis *trois*, dans l'espérance de pouvoir un jour présenter mes réflexions constantes d'une manière plus systématique. En attendant, j'attribue un pouvoir aux études *marginales* (un peu paradoxales peut-être) qui portent sur des points négligés par les commentateurs et peut-être par le sujet lui-même. Ces zones d'ombre sont révélatrices du plus caché d'un être. Elles permettent la vraie *psychanalyse* « en esprit et en vérité ».

Je négligerai ce que tout le monde sait sur le miracle de la Vierge du Sourire, sur les scrupules de Thérèse à ce sujet, sur la confirmation qu'elle trouva en priant à Paris devant Notre-Dame des Victoires, cela à l'orée de sa vie. Et pas davantage je ne parlerai (au crépuscule de cette même vie) de sa poésie « Pourquoi je t'aime, ô Marie », qui est une somme de son expérience mariale. (PN 54.)

Mais voici trois textes marginaux, sur lesquels je fixe l'attention.

I

LA VOIE COMMUNE ET LA FOI NUE

« Que je l'aime, la Vierge Marie ! Que j'aurais donc bien voulu être prêtre pour prêcher sur elle ! On la montre inabordable, il faudrait la montrer imitable. Elle est plus Mère que Reine ! J'ai entendu dire qu'à cause de ses prérogatives, elle éclipse tous les saints, comme le soleil à son lever fait disparaître les étoiles ! Moi, je pense tout le contraire ; je crois qu'elle augmentera de beaucoup la splendeur des élus... La Vierge Marie ! Comme il me semble que sa vie était simple ! » (Résumé de DE 21.8.3.)

Il y a bien des audaces dans ces pensées, comme toujours chez Thérèse. Elle insiste sur l'idée de la vie commune, ordinaire, de Marie.

Elle retranche les prodiges. Dès l'âge de quatorze ans, Thérèse a cette intuition (étonnante chez une enfant) que les miracles conviennent à la petitesse de la foi, qu'ils affermissent. Mais pour ses intimes, en parti-culier pour sa mère, « Jésus ne fit pas de miracles, avant d'avoir éprouvé leur foi ». La vie de Marie lui paraissait une vie de foi nue.

Et ceci la portait à ne pas vouloir d'exagération mariale. Elle aurait préféré, dans l'exégèse, le *minimum* au *maximum*. Écrivant jadis sur la Vierge Marie, j'avais pris pour maxime (sans toutefois citer Thérèse) cette pensée des *Novissima* : « Il ne faudrait pas dire d'elle des choses invraisemblables ou qu'on ne sait pas. Pour qu'un *sermon* sur la sainte Vierge me plaise et me fasse du bien, il faut que je voie sa vie RÉELLE, pas sa vie supposée. »

Dans la Vierge, Thérèse honorait la force de la foi, qui croit sans voir, qui demeure dans la nuit. Il est probable qu'elle a accepté ses épreuves d'obscurcissement, et la perspective d'une mort dans le vide abyssal, pour imiter ce qu'elle concevait avoir été l'épreuve de Marie. Précisons encore :

Il semble que Thérèse ait renoncé à attendre de Marie, dans la seconde partie de son existence, le secours visible, extatique du « sourire » et du miracle. On voit de plus en plus dominer en elle l'idée qu'elle ne doit rien présenter dans sa voie, dans sa vie, de supranormal, afin que tout en elle soit universellement imitable. C'est pourquoi Thérèse insiste sur l'aspect ordinaire, imitable par tous de la Vierge Marie. Il semble que c'était aussi l'idée de saint Luc…

La voie de Marie est pour Thérèse une voie de foi sans extases, sans miracles, sans paroles même. La Vierge, remarque Thérèse, admirait ce que disait de Jésus le vieillard Siméon, ce qui dénote « un certain étonnement ». Et, pour elle, la foi nue pouvait, devait peut-être se concilier avec un certain genre d'ignorance, de perplexité héroïquement surmontée, de progrès dans la lumière obscure toujours.

Ainsi que le Père de Caussade (dans le fameux petit livret sur l'Abandon que Thérèse avait, ai-je dit, ou possédé ou respiré), Thérèse aurait été prête à penser que le plus extraordinaire est qu'il n'y ait pas d'extraordinaire et que la foi nous donne dans le moment présent la jouissance anéantie de l'Infini.

On devine ses tendances et vers quelle théologie mariale elle aurait été inclinée, si elle avait grandi, lu, étudié. Elle aurait sans doute approuvé ces théologiens psychologues qui aiment montrer les développements de la conscience chez Marie à travers des obscurités, dans la ligne de Newman. Elle ne se serait pas étonnée de lire, dans certains cours du Père de Broglie par exemple, que Marie ne voyait pas, mais devait croire comme nous. Peut-être aurait-elle admis cette vue de quelques mystiques que Jésus ressuscité n'avait pas apparu à sa Mère, parce qu'elle n'avait pas besoin de ce signe et pour que sa foi demeurât toute pure ? De toutes manières, elle aurait été heureuse de voir de mieux en mieux comprise par la piété pensante des modernes l'action purificatrice des épreuves de la foi, des dérélictions, des absences, par lesquelles le Verbe faisait passer sa Mère pour qu'elle fût digne de Lui.

Et cependant Thérèse n'aimait pas qu'on dît que la Vierge, après la prophétie de Siméon sur le glaive de douleur, avait vécu dans la perspective de cette angoisse. Elle pensait que l'ignorance de l'Heure des douleurs, de la foi nue permet le plein abandon au sacrement du moment présent.

II

LA VIERGE ET L'EUCHARISTIE

Un second aspect assez neuf de sa dévotion à la Vierge est dans les relations qu'elle établit entre la Vierge et l'Eucharistie. M. Henri Martin, *p.s.s.*, a fait sur ce point de pertinentes remarques. Il dit que Thérèse communie, unie à Marie. Et cela, non pas seulement en un sens purificateur ou préparatoire, demandant à la Vierge d'ôter les décombres et de dresser une vaste tente en elle, digne du ciel, ornée de ses parures :

Change mon cœur, Vierge Marie.
En un Corporal pur et beau…

(PN 25, 4)

ce qu'elle exprimait avec plus de force dans son ultime poésie.

Aussi lorsqu'en mon cœur descend la blanche Hostie,
Jésus, ton Doux Agneau, croit reposer en toi !…

(PN 54,5)

C'est là une pensée subtile et qui est liée au thème de substitution, cher à plusieurs mystiques. Mais il y a sans doute encore davantage et qui est presque inexprimable. Saint Thomas chantait dans la prose fameuse :

AVE VERUM CORPUS NATUM DE MARIA VIRGINE[9].

Il rappelait ainsi, contre les docètes ou les monophysites, que le *corpus mysticum eucharistique* est celui qui historiquement est né de Marie, et par elle de toute la race humaine antécédente. Dans une poésie d'un goût douteux et qui pourrait de nos jours égarer les psychanalystes, Thérèse avait tenté d'exprimer la relation de la virginité de Marie avec l'intégrité du *corpus Christi.*

Le pain de l'Ange, disait-elle, *est le Lait Virginal.*

(PN 1)

Et ce thème lui était si cher qu'elle avait demandé à Céline de le traduire en une peinture, assez mièvre, mais qu'elle gardait dans son bréviaire.

L'inspiration de Thérèse et de Céline (par l'intermédiaire de Marie de saint-Pierre, carmélite de Tours, et du Père Louis d'Argentan, capucin) remontait à saint Augustin et en particulier à ce texte : « Il fallait que la substance divine, en pas-

9. « Salut, vrai corps né de la Vierge Marie. » (N.D.E.)

sant par le sein de Marie, devînt un lait proportionné à nos infirmités de petits enfants. » En somme ce *lac rationabile, logicon gala*, que saint Paul conseille de désirer.

On trouve des considérations analogues chez saint François de Sales et chez Grignion de Montfort, mais (à ma connaissance) pour la grâce seule, qui est comparée au « lait divin » et non pas pour l'Eucharistie. Les auteurs spirituels ne vont pas jusqu'à assimiler, comme cette trop audacieuse Enfant, le *panis angelicus* et le *lac virginale*.

Peut-être Thérèse aurait-elle dû préférer le silence pour traduire des intuitions inassimilables à notre langage ? Mais il est bien clair que nous sommes là devant un de ses thèmes personnels enracinés et dont la source n'est pas dans les livres. Notons que sa sœur Céline, sans avoir son génie, avait reçu sa tradition, et le jour où elle devint sœur Geneviève elle composa son blason ; le monogramme de la Vierge y est entrelacé de grappes et d'épis.

III

LA SUBSTITUTION DES SITUATIONS

« *Ô Marie, si j'étais la Reine du Ciel et que vous soyez Thérèse, je voudrais être Thérèse, afin que vous soyez la Reine du Ciel !!!* » (Pri 21.)

Ces lignes sont les dernières que Thérèse ait écrites.

Thérèse appelait cette pensée un enfantillage. Peut-être parce qu'une telle idée était fort ancienne en elle et qu'elle lui rappelait de vagues intuitions de son enfance. Parfois les mots d'enfant sont indéchiffrables : à cet âge, l'être conscient (incapable de cette dure, lente, cristalline, mais souvent si subtile ou si luciférienne « réflexion » ne jouit pas de l'effet qu'il fait. On peut donner à l'« enfantillage » de Thérèse un sens, pour peu qu'on pense à ce qu'est la Beauté dans l'objet et dans le sujet.

La beauté est une splendeur qui doit se détacher de celui qui la possède, sans être perçue par lui, sans être reprise par la réflexion sur soi.

La beauté est une sorte de supplément d'être, d'irradiation qui s'ajoute à l'être. On pourrait dire que celui qui est beau ou celui qui dit le vrai, ou celui qui parle des choses de Dieu, ne doit pas savoir qu'il le fait et ne doit pas jouir de cela. De sorte que ce n'est pas l'objet possesseur de beauté qui en est vraiment possesseur, à moins qu'il se voie égoïstement, comme Narcisse, dans un miroir : *c'est l'autre.*

Et on peut dire que la situation la plus enviable n'est pas d'être sujet de beauté et de se savoir beau, mais d'être objet de beauté et tel que l'autre jouisse seul de ce qui émane de vous.

Imaginons un être d'une transparence, d'une humilité si parfaites que jamais sa beauté d'âme ou de chair, ou le mérite qui est en lui, ne deviennent pour lui le terme de sa contemplation et qu'il arrive à posséder tous ces dons *sans le savoir* et surtout *sans les avoir,* alors cet être s'oublierait totalement et serait réduit à une parfaite simplicité.

Et, en un sens, la position de celui qui est le *voyant* d'un tel être serait plus avantageuse que sa position à lui. Car le voyant jouirait de la beauté alors que l'être beau n'en jouirait pas.

Ainsi, il y a pour moi un premier sens (difficile) dans ce mot d'enfant. C'est qu'il vaut mieux être Thérèse que reine de Thérèse. Car la reine ne se voit pas comme reine. Elle est reine surtout dans le cœur qui la contemple.

Et la beauté de Marie éclate en ceux qui voient Marie, alors qu'en elle, à cause de son humilité magnanime, et de la transparence absolue de son union consommée avec Dieu, cette beauté transitive, *donnante et donnée*, ne devient pas objet de vue et de jouissance. Marie n'est plus à elle-même, tellement elle est ravie en Dieu son sauveur. Elle est entrée dans le circuit de l'amour éternel. De sorte que nous, les pauvres humains, qui nous réjouissons de la connaître, nous avons sur elle comme un avantage. Un peintre de portraits comprendrait bien cela. Il voit son modèle qui ne se voit pas.

*

* *

Mais il est un second sens à ce mot « enfantin » et sublime : c'est le sens, non plus de connaissance, mais de charité.

Si Thérèse était Reine et la Vierge Marie seulement servante, le mouvement de l'amour porterait Thérèse à échanger les situations, les rôles : car il y a plus de gloire à être au sommet qu'à l'infimité, plus de joie à donner qu'à recevoir. Thérèse-reine ferait le sacrifice de ne rien avoir pour que sa servante, devenue reine, possédât tout. C'est la dialectique du *rien* et du *tout* dont *l'Imitation* (livre aimé de Thérèse, appris par cœur par elle surtout en ce chapitre « sur l'amour divin et ses merveilleux effets ») dit :

> *Dat omnia pro omnibus et habet omnia in omnibus*[10].

Et, au fond, « l'enfantillage » contient la même intuition fondamentale que le fameux *esclavage* de Grignion de Montfort, auquel la tradition carmélitaine était hostile. On sait que les Carmélites de Paris s'opposèrent à l'idée de Bérulle (pourtant si logiquement déduite par le cardinal-philosophe à partir de sa doctrine de l'Incarnation), d'imposer à ses carmes français le « Vœu de Servitude à Jésus et à Marie », que devait reprendre Grignion de Montfort au siècle suivant.

Les écrits de Montfort, ce génie pindarique, oraculaire et paulinien, rappelle le mode de penser et de parler des poètes métaphysiciens qui ont précédé Socrate et que notre époque, après Nietzsche, a redécouverts. Il est de la race d'Angelus Silesius, de Novalis, d'Hölderlin,

---

10. « Il donne tout à tous et il possède tout en tous. » (N.D.E.)

mais il n'y a pas plus dans Grignion que dans l'adage « enfantin » si mystérieux, ultime texte écrit par l'Enfant Thérèse ; l'idée de donner tout pour avoir tout est le secret et si on peut dire « le procédé » de tout amour absolu.

Malgré toutes ces observations à la fois marginales et nucléaires, il reste vrai que sainte Thérèse le plus souvent s'adresse directement au Christ. Jésus apparaît comme le premier, l'unique objet de son intention d'amour, à la fois par sa doctrine et par la pratique quotidienne de sa vie. Dans ses deux premiers manuscrits, la pensée de Marie demeure implicite. Et, par exemple, Marie n'est pas citée dans le cantique d'amour rédigé en septembre 1896 alors qu'on l'attendait, puisque ce Cantique était rédigé pour sa sœur Marie.

Oserais-je ici une observation ? Dans la dévotion (qui est à mon sens la foi incarnée dans une nature singulière par l'incidence d'un tempérament) il demeure, plus que dans la foi, un élément personnel, naturel, sensible, « sexuel » même au sens le plus pur du mot. Un fils n'aime pas sa mère sur le même mode qu'une fille aime la même mère. Et, de ce point de vue, il se fait un partage dans la dévotion et dans la mystique, surtout dans celle des chastes et des continents par vœu. L'homme religieux trouve pour sa nature masculine sacrifiée un achèvement dans la pensée de la Vierge. Auguste Comte, Gœthe, incroyants, ont fait sur ce thème de justes remarques, qui sont dans les mémoires. Et inversement une femme ira au Christ seul par une voie plus verticale, et un sens plus facile, d'autant que le cœur féminin, plus que le cœur masculin, se donne avec simplicité.

Mais, plus profondément encore, il faut dire (avec les grands spirituels et les mystiques les plus purs et les théologiens les plus éclairés) que la dévotion à la Vierge dans son sens le plus vrai, c'est celle de la Vierge-Mère, qui est toute orientée vers le Christ-Dieu, qui n'est en quelque sorte qu'un chemin vers Lui. La Vierge, séparée du Christ, deviendrait une déesse païenne. Elle prend son sens spirituel, sa hauteur spirituelle dans le don total d'elle-même au Christ-Dieu. C'est bien ainsi qu'elle apparaît dans la perspective de sainte Thérèse de l'Enfant-Jésus.

À cet égard, sainte Thérèse de l'Enfant-Jésus, sans être une théologienne au sens scolaire, est intuitivement théologienne parce qu'elle est allée d'instinct (et en suivant la vraie tradition du Carmel) aux plus grands Maîtres : saint Jean de la Croix comme introduction, puis l'Écriture et surtout l'Évangile. Car, si l'on devait contempler Marie, l'aimer, être poussé vers elle comme vers un être créé, au lieu de la contempler dans son unification totale avec Dieu, cette contemplation produirait un amour sensible qui poserait un intermédiaire entre Dieu et l'âme et qui conduirait l'âme à la multiplicité. Une des idées profondes de Montfort est que Marie est la voie droite, directe, « immédiatante » si l'on peut dire, particulièrement unifiante et simplifiante. L'orgueil demeure le principe de toute fausse multiplicité et de toute complication. Et, dans l'expérience mystique mariale de Maria a Sancta Theresia (Maria Petyt, 1623-1677), tertiaire du Carmel, on remarque aussi ce progrès vers la simplification, par un oubli de la « forme mariale » qui devient à la fin seulement latente et implicite, pour laisser l'âme seule avec la divine Essence.

Thérèse a suivi le même rythme. Elle aurait sans doute contresigné de sa pensée, de son sang et de son amour ces textes de saint Jean de la Croix, qui gardait en silence, comme un parfum capable de s'évaporer par la parole, sa dévotion à Marie.

« La très glorieuse Vierge Notre-Dame, étant dès le commencement élevée à ce haut état d'union, n'eut jamais en son âme de forme imprimée d'aucune créature. »

Et, dans son cantique, Jean de la Croix remarque que, si l'amour parfait permet de peser les choses de douleur sans les sentir, Dieu permet parfois à ces âmes parfaites de sentir et de pâtir, afin qu'elles méritent davantage, comme il fit avec la Vierge. C'est pourquoi, chez Thérèse, comme chez les consciences mariales purifiées, la dévotion à la Vierge fut beaucoup une dévotion à la compassion, au cœur Immaculée-Douloureux ; pureté et douleur étant au fond inséparables.

En somme, dans la vie de sainte Thérèse de l'Enfant-Jésus, on pourrait dire que la présence explicite de la Vierge s'efface en quelque sorte devant celle du Christ, à mesure qu'elle quitte l'enfance et entre dans la vie du Carmel ; et que l'humanité explicite du Christ s'efface elle-même, en quelque sorte, devant la foi pure et obscure, à mesure qu'elle approche de sa mort. Et on pourrait trouver sans doute un sens théologal dans cette progression vers la pure Essence, par la pure Croix dans la pure Foi.

Au reste, c'est bien le sens dernier de la dévotion authentique à Marie, dans une âme purifiée, à la fois dévirilisée et déféminisée, pour ne garder du viril que le fort et du féminin que la puissance d'amour. Et il est clair que la purification mâle et la purification féminine (plus encore peut-être) sont difficiles. Car il ne faut pas détruire dans la monade masculine la vertu propre à l'homme, sa rigueur, son courage, ni surtout dans la monade féminine la source divine de tendresse et de don.

Mais Thérèse est bien dans la ligne des grandes purifiées grâce à la règle, à la discipline, à la tradition du Carmel.

THÉRÈSE
ET
LA PENSÉE PROTESTANTE

La place qu'occupe la pensée de Marie dans la pensée chrétienne doit être considérée avec une grande attention. Marie n'est pas au centre puisque le Christ est le seul centre, mais elle a une place considérable d'initiation et d'atmosphère.

Mais en même temps que l'âme catholique se réjouit, en tant qu'elle est dans le cercle de famille, de voir accroître ainsi en connaissance et en gloire peu à peu dévoilée la mère du Sauveur – si cette âme est aussi préoccupée d'universalité, d'apostolicité –, elle ne peut manquer de noter que tout progrès de la connaissance de Marie éloigne la religion catholique des Églises séparées qui ont gardé l'héritage chrétien tel qu'il était au moment de la séparation des confessions, qui tiennent la piété mariale et les dogmes concernant la Vierge comme une corruption du dépôt. Et celle qui devrait rassembler ses enfants devient celle qui les sépare.

Un esprit catholique est partagé lorsqu'il se trouve en face d'une proposition accroissant la connaissance de la Vierge ; joyeux pour lui et si on ose dire pour elle – angoissé de voir que ce progrès de lumière va augmenter les dimensions de l'abîme. Et pour prendre un exemple, on peut concevoir que Pie XII, lorsqu'il réfléchissait en silence sur l'opportunité de définir l'Assomption, était partagé entre le désir d'honorer la Vierge et la crainte de mettre un obstacle supplémentaire sur la voie de l'union des chrétiens.

Je relisais à ce sujet des réflexions très justes du Père Nicolas :

« Par bien des aspects, une fois dépouillée de ce qu'elle a de plus accidentel, la spiritualité de Thérèse de Lisieux devrait être moins déroutante que d'autres pour les protestants. Son culte de la paternité de Dieu, son évangélisme, sa mystique de désintéressement, de la pure grâce, de détachement à l'égard des mérites personnels, sa recherche de l'esprit au-delà de la lettre, sa cri-

tique très audacieuse de bien des déviations possibles de la spiritualité catholique, son appel aux âmes de toutes conditions en dehors même de la vie religieuse et des vœux, voilà de quoi montrer combien les valeurs spirituelles qui hantaient les meilleurs réformateurs sont encore vivantes dans la spiritualité catholique. Sa manière d'aborder le mystère de Marie, l'image qu'elle se forme de la mère de Jésus et de son âme sembleraient également plus acceptables à des protestants que les constructions théologiques complètes et grandioses que rend d'ailleurs possible la réflexion approfondie et scientifique sur ces thèmes si simples. Là où un protestant aura du mal à suivre Thérèse ce sera dans sa dévotion, dans ses rapports d'âme avec cette personne très concrète qu'est pour elle la Sainte Vierge, car ces rapports supposent la doctrine, inintelligible pour lui, de la médiation de Marie, de son rôle actuel dans la dispensation de la grâce et dans la vie intérieure. Peut-être cependant l'analyse de cette dévotion dans l'âme de Thérèse de Lisieux sera-t-elle capable de mieux lui faire comprendre ou du moins constater combien elle laisse intacte, malgré la grande et intime place qu'elle occupe, le rapport très pur, très direct et très simple de l'âme à Dieu Lui-même, seul véritable objet de la vie reli-gieuse de l'âme catholique. »
(*Revue Thomiste*, 1952, III.)

C'est ici que la spiritualité de Thérèse concernant la Vierge peut nous être utile à méditer, à répandre. Car l'esprit du Carmel, dans lequel elle s'épanouissait, était propre à dissiper à leur racine toute exagération de la dévotion, tout excès apparent. On peut dire d'une manière générale (et cela se voit à plein dans Grignion de Montfort) que l'effort de la spiritualité est un effort de simplification, comme celui de la poésie est un effort vers une plus grande pureté, comme celui de la science est un effort vers une plus grande intégration. Un spirituel, qu'il le dise ou non, invente ce que le XVIIe siècle appelait un « moyen court », un « abrégé ». Et l'*Imitation* de Thomas a Kempis est simplificatrice par rapport à la dévotion monastique surchargée. De même l'*Introduction à la Vie Dévote.* La théologie, ou la pratique, ou le droit, nécessairement se compliquent et compliquent ; la cause de l'esprit est simplifiante. C'est cet effort qui permet aux âmes, malgré l'avance changeante et chargeante du temps, de retrouver la simplicité de la Source, de l'Évangile.

En général (quoique non uniquement), on a demandé cette simplification à une dévotion particulière et entre toutes à la dévotion mariale. La Vierge apparaît comme non-complicante et donc simplifiante et facilitante même du difficile, « démythologisante » comme disent les modernes. Elle enseigne à se vaincre beaucoup moins par la force héroïque que par *grâce* aux deux sens du mot, c'est-à-dire par don et par une sorte d'élégance, d'astuce à dénouer les nœuds gordiens, à « liquéfier » les cœurs rebelles, à sourire, en somme, le sourire étant le symbole de la grâce facilitante.

La vie de Thérèse, comme celle de la Vierge, s'est déroulée dans les conditions ordinaires, dans la facilité apparente et sans éclat. Elle avait, autant que nous pouvons le conjecturer, une ressemblance *caractérielle* avec la Vierge : son tempérament, sa nature propre paraissent plus conformes à ce que nous pouvons deviner de Marie que le tempérament, la nature propre de sainte Thérèse d'Avila. Thérèse avait, à un degré rare parmi les saints, une ressemblance de nature avec la Vierge, telle que nous la connaissons par saint Luc. Toutes les deux ont quelque chose de direct, de net, de frais, sans détour ni complications : sages par concentration extrême, parfois exultantes, repliées très vite dans le silence, aimant obéir aux signes sans pourtant les chercher. On pourrait trouver d'autres traits…

*

* *

Et je résumerai mon impression ainsi : si l'on cherche en sainte Thérèse de l'Enfant-Jésus *une voie* mariale on ne la trouve pas ; ou, du moins, il y faut prendre peine. Si on cherche en elle la *vie* mariale, on la trouve et sans peine[11].

Nous revenons au même point. Si Thérèse n'est pas mariale par des traits de sa doctrine, elle l'est par son existence profonde. Elle peut nous donner une idée approximative de ce que la Vierge était historiquement. Sans vouloir imiter la Vierge par un effort distinct, *elle s'est trouvée lui être semblable*, comme par surcroît – *le surcroît*, ce privilège du pur amour.

---

11. Et on pourrait dire également que la mort sans extase de Thérèse et la mort de Marie telle que certains mystiques l'ont décrite ont de l'analogie. Plusieurs de ces mystiques ont décrit la dormition sans « vol de l'esprit » mais comme un doux passage. Ainsi Gibieuf qui dit : « Et le Fils ... accroît tellement cette sainte langueur que l'âme quitta ce qu'elle animait pour ce qu'elle aimait, et étant toute retirée en Jésus, son unique amour, le corps, qu'elle avait vivifié jusqu'à ce moment, demeura sans mouvement et sans vie. »

THÉRÈSE
ET
LA VIE ÉTERNELLE

Lorsque, voici près de quarante ans, je pris pour sujet de réflexion *le rapport de l'éternité avec le temps,* dans le sillage de saint Augustin, j'avais aussi conçu de l'admiration pour l'*Histoire d'une Âme*. Et parfois, une comparaison silencieuse s'ébauchait entre saint Augustin et sainte Thérèse de l'Enfant-Jésus. Réfléchissant sur la fameuse « extase d'Ostie », où Augustin et Monique crurent un instant posséder les prémices de la vie éternelle, j'étais surpris de rencontrer dans quelques lignes de la très jeune carmélite, si peu marquée par l'expérience des plaisirs du monde, si peu instruite – une intuition bien remarquable de la relation qu'a la *vie éternelle* avec ce frisson furtif et pathétique que nous appelons *le temps*. J'avais noté que Thérèse avait lu, à l'aube de sa vie, un ouvrage sur *La fin du monde* d'un inconnu, nommé l'abbé Arminjon[12]. Et je me proposais de dépister un jour cette source, d'aller à la recherche d'Arminjon. Ce nom bizarre m'attirait assez : qui dira pourquoi ? J'eus l'occasion de visiter le Carmel de Lisieux, il y a une douzaine d'années. On me remit avec précaution un précieux exemplaire d'Arminjon, livre introuvable et non réédité. Je le lus dans une nuit ; je copiai plusieurs extraits, puisqu'on ne pouvait pas me prêter ce trésor : je crois avoir dit à Céline combien ce livre m'avait intéressé, comme il serait important de l'éditer un jour... Elle souriait gaiement en levant sa canne.

Voilà donc ce jour arrivé. Le livre est sous mes yeux, pourvu d'une parfaite préface, où l'abbé Combes, ce maître des Études sur Thérèse, est cité. À mon tour, je voudrais résumer quelques-unes de mes impressions, qui seront une glose en marge des paroles de Thérèse sur le temps, son court passage, sur ce que saint Augustin, causant avec Monique aux rives d'Ostie, appelait la « vie éternelle des saints. »

Ce livre est à la fois irritant et admirable. Il présente un mélange de naïvetés, d'erreurs assez grosses, de vues étranges, excessives et presque

12. Abbé ARMINJON, *Fin du monde présent et mystères de la vie future,* 1881.

malsaines et d'intuitions rares, étonnantes, parfois sublimes. Remarquez qu'un tel mélange est le partage de tout écrit non-inspiré qui parle de l'avenir, encore plus : de la fin de tout avenir. Les romans de *science-fiction* nous le montrent bien. Mais le mélange même excite au plus haut point l'imagination. On comprend que deux très jeunes filles se soient passionnées à cette lecture.

Ce qui est plus notable et qui vérifie ce que j'ai dit sur le genre d'intelligence de Thérèse Martin, c'est sa capacité de mettre le doigt sur l'essence. Dans ce mélange d'ivraie et de bon grain, elle saisit ce qui importe. Elle est plus arminjonienne qu'Arminjon. Elle dépouille Arminjon et le rend à sa pureté.

Je laisse de côté ce qui dans le livre me paraît faible, exagéré, rhétorique, maladroit. Mais il y a des prophéties, curieuses à relire en ce siècle, songeant que l'auteur publiait son ouvrage en 1881, ainsi cette page sur un péril chinois :

« La Chine, ce vaste empire où la population fourmille, où les mers et les fleuves engloutissent chaque jour un excédent énorme d'êtres humains, que ne parvient plus à nourrir ce sol si riche et si fécond, la Chine a ses mécaniciens, ses ingénieurs, elle est initiée à notre stratégie et à nos progrès industriels. Or, nos dernières guerres n'ont-elles pas démontré qu'à l'heure présente le sort des batailles réside surtout dans les masses, et que dans les armées, comme dans les arènes politiques, c'est la prépondérance du nombre, la loi mécanique et brutale, qui décide du succès et emporte la victoire.

« On peut donc pressentir l'heure peu éloignée où ces millions de barbares, qui peuplent l'Orient et le nord de l'Asie, seront pourvus de plus de soldats, de plus de munitions, de plus de foudres de guerre que tous les autres peuples ; prévoir le jour où, ayant acquis la pleine conscience de leur nombre et de leurs forces, ils se rueront en hordes innombrables sur notre Europe, amollie et abandonnée de Dieu. Il y aura alors des invasions plus terribles que celles des Vandales et des Huns… Les provinces seront saccagées, les droits violés, les petites nationalités détruites et broyées comme la cendre. Puis, on verra se produire une vaste agglomération de tous les habitants de la terre, sous le sceptre d'un chef unique. » (63, 64.)

Une page de ce genre n'est pas la seule que l'on puisse extraire de notre Isaïe. Arminjon a le sens des développements prodigieux de la technique, et il confronte l'univers de la science avec la théologie. Il a le sens de la pluralité des mondes. Il conçoit les transformations considérables (en particulier le raccourcissement de l'espace) que vont procurer les inventions (et il n'en est qu'à l'électricité). Il y a, chez ce chanoine, un côté Jules Verne. Bien plus il envisage une humanité sous gouvernement unique, à vrai dire plutôt mauvais que bénéfique. Je répète qu'il méditait ces choses il y a cent ans, quand Hugo, Renan, Berthelot, les grands laïcs, Hoeckel, Marx, tant d'autres, presque tous promettaient à l'homme un avenir de bonheur, la science mettant fin à la barbarie. Aux jours où les plus grands esprits enseignaient ainsi le progrès illimité, le chanoine de Chambéry prêchait avec optimisme la fin (sans doute assez prochaine) des apparences. Il n'eut aucun écho, même dans ses montagnes. Il mit un billet dans une bouteille. Il lança sa bouteille à la mer.

Une petite fille, sur les rives normandes, la recueillit :

Quel est cet élixir, pêcheur, c'est la Science !

Les vers de Vigny, si consolateurs pour les écrivains, me reviennent à la mémoire. O prédicateurs sans auditoire, prosateurs (comme Stendhal) sans public, poètes (comme Rimbaud) sans cénacle, mystiques sans écho comme Grignion de Montfort, dites-vous bien que le temps, le hasard, les destinées, c'est-à-dire la patience de Dieu, vous sourient et vous attendent.

Mais peut-on définir ce que l'Enfant retira du livre écrit par le Prophète ? Je le croirais volontiers.

C'est d'abord un certain lyrisme, qui devint le sien par intuition inconsciente. Le langage d'Arminjon, c'est le paroxysme. Il tend son arc jusqu'à user la corde. Un peu comme son contemporain Nietzsche, ou comme notre Léon Bloy. Et, malgré l'absence du talent, il écrit avec feu.

Cela répond chez lui à une volonté très consciente et qui s'exprime dès le porche de son ouvrage : il dit que pour secouer l'indifférence et la léthargie des hommes de ce temps qui ne pensent plus qu'à la terre, il va, *guérissant les contraires par les contraires*, faire briller les vérités essentielles. « Jésus-Christ n'est jamais mieux compris que quand il se manifeste avec profusion, dans l'intégrité de sa doctrine, et les suréminentes splendeurs de sa divine personnalité. » Dans toute sa force ! Telle est sa devise. Comme Claudel il pourrait répéter la phrase de l'hymne eucharistique :

QUANTUM POTES, TANTUM AUDE[13].

13. Hymne *Lauda Sion* : « Fais l'impossible pour le louer. » (N.D.E.)

Or, qui ne niera que le charme si viril de Thérèse tient à ce que, dans le langage d'enfant, elle va, comme la flèche, droit devant elle, jusqu'au bout, avec une netteté ardente, un peu comme sainte Catherine de Gênes ? Je suis sûr que cela était dans ses dons ; mais je suis presque sûr que la lecture d'Arminjon lui a donné confiance. Elle a dû croire qu'Arminjon était un grand écrivain : et cela lui a permis de *courir dans ses voies*, d'être elle-même.

Voici, pour servir d'exemple, le passage que Thérèse avait recopié le 30 mai 1887 et qu'elle gardait dans son *Manuel* :

« L'homme qui est embrasé de la flamme du divin amour est aussi indifférent à la gloire et à l'ignominie que s'il était seul et sans témoin sur la terre. Il méprise toutes les tentations. Il n'a pas plus souci des souffrances que si elles étaient endurées dans une chair autre que la sienne. Ce qui est plein de suavité pour le monde n'a pour lui aucun attrait. Il n'est pas plus susceptible d'être épris d'aucun attachement à la créature que l'or sept fois éprouvé n'est susceptible de la rouille. Tels sont, même sur cette terre, les effets de l'amour divin, quand il s'empare vivement d'une âme. » (*Œuvres complètes*, Cerf, p. 1210.)

Le second secours que le chanoine apporte à la jeune fille, confinée dans un horizon petite province et de modeste bourgeoisie, c'est un élargissement (presque infini) de la vision. Arminjon a le sens de l'infinité de l'espace ; il a (nous allons le montrer) le sens de l'infinité du temps. Il a (chose plus rare et d'un autre ordre) le sens des infinis contenus à l'intérieur de l'infini. Il a le sens du tragique qui fait le dramaturge et qui concentre, renouvelle, approfondit l'histoire. Ces extensions du regard de l'esprit sont assez rares. À la même époque, Victor Hugo appliquait ces méthodes d'infinitude dans la dernière partie de la *Légende des Siècles*. Mais ici encore, Arminjon, écrasé par le talent, écrasait Hugo par la vérité. À Céline et Thérèse, qui n'avaient dans leur milieu clos aucune possibilité de culture supérieure, Arminjon donnait, sans le fastidieux passage par le Savoir, ce qui en est pour l'âme le fruit savoureux : la calme profondeur et l'amplitude.

Venons maintenant au troisième enseignement, plus important que les deux précédents et qui me replace au cœur de mon sujet : le sens du lien du temps avec l'Éternité. Thérèse eut, par Arminjon, l'intuition pascalienne sur le fini et l'infini, à savoir que le fini s'anéantit en présence de l'infini. Or, le temps, si long, si varié, si riche qu'il soit n'est rien devant l'éternité, ce *Présent* ramassé sur lui-même, absorbé en lui-même et qui ne renferme ni la fuite du révolu ni la suite de l'avenir. Le mot *siècles des siècles* traduit bien imparfaitement cette infinitude. L'image la moins boiteuse de l'Éternel en géométrie n'est pas la ligne indéfiniment prolongée, mais le point.

Cela nous le savons tous, pour peu que nous réfléchissions hors des symboles, des figures et des images. Et je pense qu'à un enfant de sept ans, on peut l'expliquer ; on le *doit* même.

Mais autre chose est expliquer une proposition comme le fait un géomètre, un philosophe ou tout simplement l'homme de bon sens – autre chose est traduire l'intuition en termes incandescents, après l'avoir fait passer de l'esprit dans le cœur. C'est, à n'en pas douter, le charisme d'Arminjon. Depuis saint Augustin, je ne connais pas de texte plus lumineux, plus véritable et plus frissonnant que ces lignes qui enflammèrent l'Enfant-philosophe :

« Comme jamais mère n'a aimé son fils le plus tendre, ainsi le Seigneur aime ses prédestinés ; il est jaloux de sa dignité, et, dans la lutte du dévouement et des libéralités, il ne saurait se laisser vaincre par sa créature.

« Ah ! le Seigneur ne peut oublier que les saints, lorsqu'ils vécurent jadis sur la terre, lui firent l'hommage et la donation totale de leur repos, de leur jouissance et de tout leur être ; qu'ils auraient voulu dans leurs veines un sang intarissable, pour le répandre comme un gage vivant et inépuisable de leur foi ; qu'ils eussent désiré dans leur poitrine mille cœurs pour les consumer d'inextinguibles ardeurs, posséder mille corps, afin de les livrer au martyre, comme des hosties sans cesse renaissantes. Et le Dieu reconnaissant s'écrie :

« Maintenant, mon tour... Au don que les saints m'ont fait d'eux-mêmes, puis-je répondre autrement qu'en me donnant Moi-même, sans restriction et sans mesure ? Si je mets entre leurs mains le sceptre de la création, si je les investis des torrents de ma lumière, c'est beaucoup, c'est aller plus loin que se seraient jamais élevés leurs sentiments et leurs espérances ; mais ce n'est pas le dernier effort de mon Cœur ; je leur dois plus que le Paradis, plus que les trésors de ma science, je leur dois ma vie, ma nature, ma substance éternelle et infinie. Si je fais entrer dans ma maison mes serviteurs et mes amis, si je les console, si je les fais tressaillir, en les pressant dans les étreintes de ma charité, c'est étancher surabondamment leur soif et leurs désirs, et plus qu'il n'est requis pour le repos parfait de leur cœur ; mais c'est insuffisant pour le contentement de mon Cœur divin, l'étanchement et la satisfaction parfaite de mon amour. Il faut que je sois l'âme de leur âme, que je les pénètre et les imbibe de ma Divinité, comme le feu imbibe le fer ; que, se montrant à leur esprit, sans nuage, sans voile, sans l'intermédiaire des sens, je m'unisse à eux *par un face à face éternel*, que ma gloire les illumine, qu'elle transpire et rayonne par tous les pores de leur être, afin que « me connaissant, comme je les connais, ils deviennent des Dieux eux-mêmes. » (p. 201.)

À ce texte qui se termine (comme se termineront en 1933 les *Deux Sources* de Bergson) par l'idée que la finalité de la création est de faire des dieux avec les hommes (et Bergson, plus sage qu'Arminjon ne mettait pas de majuscule à *dieux*) correspond un autre texte que Thérèse n'a pas recopié mais qu'elle a lu et dont elle s'est imprégnée (p. 206-215).

Les transports que ma vision divine suscitera dans les élus feront surabonder leur cœur des joies les plus inénarrables ; ce sera un torrent de délices et de voluptés, la vie dans son inépuisable fécondité, et la source même de tout bien et de toute vie[14]. Ce sera, ainsi que parle encore

14. *Inebriabuntur ab ubertate domus tuæ, et torrente voluptatis tuæ potabis eos ; quoniam apud te est fons vitæ, et in lumine tuo videbimus lumen* (Ps. XXXV, 9). « Ils savourent les festins de ta maison ; aux torrents du paradis tu les abreuves. En toi est la source de la vie ; par ta lumière nous voyons la lumière. » (N.D.E.)

saint Augustin, comme une communication que Dieu nous fera de son propre Cœur, afin que nous puissions aimer et jouir avec toute l'énergie de l'amour et des joies de Dieu même : *Erit voluntati plenitudo pacis.*

« La vie éternelle, dit saint Paul, est comme un poids, un accablement de toutes les délices, de toutes les ivresses, de tous les transports : *Æternum Gloriæ pondus* : poids qui, ranimant l'homme au lieu de l'anéantir, renouvellera inépuisablement sa jeunesse et sa vigueur. Elle est une source, source à jamais féconde, où l'âme boira à longs traits la substance et la vie. Elle est une noce, noce où l'âme enlacera son Créateur d'un embrassement éternel, sans que jamais elle sente s'affaiblir le saisissement de ce jour, où la première fois elle s'unit à Lui et le pressa contre son sein. »

Et cependant, les élus qui verront Dieu n'en auront pas la compréhension ; car, enseigne le Concile de Latran, « Dieu est incompréhensible pour tout esprit créé ». Nous verrons Dieu tel qu'il est, les uns plus, les autres moins, suivant nos dispositions et nos mérites. Et cependant nous ne pourrions enseigner théologiquement que la Vierge immaculée elle-même qui voit Dieu plus clairement et plus parfaitement que tous les anges et tous les saints réunis, puisse parvenir à Le voir et à Le connaître dans une mesure adéquate. Dieu est infini et tout ce que l'on peut dire, c'est que la créature Le voit, Le voit tel qu'Il est, *sicuti est*, tout entier, *in integro*, et cependant elle ne Le voit pas, en ce sens que ce qu'elle parvient à découvrir de ses perfections, n'est rien auprès de ce que l'Être éternel contemple Lui-même dans la splendeur de son Verbe et en union de son amour avec l'Esprit-Saint. S'il nous était permis de nous servir d'une image grossière et incomplète, car, il ne faut pas l'oublier, toutes les similitudes empruntées aux choses sensibles perdent toute proportion et toute analogie, lorsqu'on les transporte dans le domaine de la vie incréée, nous dirions que, par rapport à Dieu, les élus sont comme un voyageur, debout sur les rives de l'Océan ; le voyageur sait ce que c'est que l'Océan, il voit de ses yeux l'Océan qui s'étend et se déroule dans l'immensité, il dit : « J'ai vu l'Océan » et cependant il y a des récifs, des îles éloignées qu'il ne découvre pas, il n'a pas embrassé toutes les rives et tous les contours de l'Océan.

Ainsi, la contemplation de Dieu ne sera pas l'immobilité, mais elle sera surtout l'activité, une marche toujours ascendante, où se trouveront concentrés par une ineffable alliance le mouvement et le repos.

Pour mieux comprendre ceci, figurons nous un savant, à qui la nature aurait donné des ailes ; il aurait la puissance de parcourir toutes les régions des astres et des firmaments ; il lui serait donné d'explorer toutes les merveilles cachées dans le groupe innombrable des constellations ; ce savant irait de sphère en sphère, de planète en planète. À mesure qu'il pénétrerait plus avant dans l'immensité, il irait de surprise en surprise ; de tressaillements en tressaillements, voyant sans cesse apparaître des spectacles plus riches, et s'entrouvrir à ses regards des horizons plus vastes et plus radieux. Et cependant, viendrait un moment où il toucherait la borne… Mais l'infini n'a ni borne, ni fond, ni rivage. Les heureux mariniers de ce séjour fortuné, voguant dans un abîme incommensurable de lumière et d'amour, ne crieront jamais comme Christophe Colomb : « Terre ! Terre ! » Ils diront : « Dieu, Dieu toujours, Dieu encore… » Éternellement ce seront de nouvelles perfections (p. 207).

« Heureux Ciel, s'écrie à ce propos saint Augustin, où il y aura autant de paradis que de citoyens, où la gloire nous parviendra par autant de canaux qu'il y aura de cœurs pour s'intéresser à nous et nous chérir, où nous posséderons autant de royaumes qu'il y aura de monarques associés à nos récompenses. *Quot socii, tot gaudia !* » (p. 216).

Quelles remarques faire sur ces développements assez clairs par eux-mêmes ?

1. Arminjon multiplie l'infini par l'infini. Ce n'est pas au sens de Pascal, pour qui le bonheur du ciel est une infinité de joie dans l'instant multiplié par l'infinité des instants (« éternellement en joie pour un jour d'exercice sur la terre »). Arminjon développe la conception paulinienne et johannique. Le bonheur des élus n'est pas un bonheur concevable et désirable par le cœur de l'homme, c'est un bonheur dont le cœur ne peut avoir, si dilaté qu'il soit, ni le concept, ni même le désir. Il y a, dit Dieu, au ciel « plus que le paradis », plus que le don de ce qui n'est pas moi (ma vie, ma nature, ma substance éternelle) : « Il faut encore, dit Dieu, que je les imbibe de ma divinité, que je m'unisse à eux par un face à face éternel. » C'est traduire d'une manière très expressive l'enseignement de saint Paul (I Cor., II, 8), de saint Pierre (I P, I, 8) et de saint Jean (I Jn, III, 2). Et c'est proportionner cette doctrine à la capacité de deux jeunes filles.

2. La vision anticipée de cette éternelle vision a pour effet de transformer la conscience que nous devons prendre du déroulement de l'histoire.

Arminjon s'élève à l'idée que l'histoire tout entière n'est qu'un instant, si on la compare à l'éternité ; que, par conséquent, la vraie histoire n'est pas cette fantasmagorie mouvante et ambiguë dans laquelle nous nous écoulons, mais l'histoire universelle totale – achevée, *jugée*. Il cite ce mot, digne de Joseph de Maistre :

> *L'histoire n'est pas faite, elle commencera dans la vallée de Josaphat.*

Il eût pu se souvenir de la phrase de Hegel : « L'histoire du monde, c'est le jugement du monde : *Welt Geschichte ist Welt Gericht.* »

Dès lors, une partie de l'occupation éternelle sera pour les âmes d'être « les témoins et les *acteurs* de ce drame suprême ; toute la durée de l'humanité nous semblera si courte que c'est à peine si nous jugerons qu'elle a eu la durée d'un jour » (Arminjon, p. 35). Dans ce texte, un mot est surprenant, que j'ai souligné : *acteurs*.

Que les élus soient les témoins de l'histoire du salut (qui continue, si l'on peut dire, au-dessous de leur gloire et sans leurs concours), en somme tous peuvent le conclure. Mais, qu'ils en soient encore *les acteurs*, qu'ils participent encore, de quelque manière, à l'enfantement de la création et à l'achèvement de l'histoire, c'est ce qui n'est guère insinué. Nous savons que ce sera une des pensées chères à l'Enfant Thérèse : après l'incident de sa mort, elle entend continuer sa mission historique.

3. Thérèse, après cette lecture exaltante, oh ! combien ! devait concevoir la gloire de la béatitude comme une gloire partagée, communiquée, multipliée par l'amour mutuel des élus.

On pourrait redouter l'inégalité des dons, des mérites et des béatitudes. On pourrait envisager la possibilité d'une ombre éternelle sur le bonheur pour tous ceux qui ne seront pas au comble de ce bonheur et de cette gloire, et comme une sainte jalousie, comme un reste de regret, mais d'un regret sans remède, puisque rien ne changera plus à jamais. Autrement dit, les différents degrés de la gloire risquent d'introduire au ciel une inégalité cette fois-ci absolue et qui n'aura plus, comme les inégalités de la terre, l'excuse et l'adoucissement du provisoire.

Mais Arminjon fait comprendre à Thérèse que le bonheur parfait enveloppe une communion d'amour.

Celui qui a reçu davantage sait que ce *davantage* procède de l'auteur de tous les dons, que par conséquent ce surplus est donné pour être donné. De sorte qu'au ciel, lieu sans jalousie (même spirituelle), celui qui a plus donnera ce plus, celui qui a moins jouira de ce plus.

J'ai déjà indiqué, à propos de la Vierge, ce renversement des rôles, qui est un des plus doux fruits de l'amour. Mais Arminjon insiste aussi sur l'idée que chacun au ciel fera jouir l'autre de son propre don historique, de sorte que les spécialités (si j'ose dire) de l'office terrestre (qui ont fait de tel un martyr, de telle une vierge, de tel un époux), sans être abolies, seront unifiées par l'amour ; elles seront rapportées à leur foyer et à leur fin, au lieu d'être comparées les unes aux autres et parfois opposées les unes aux autres.

Comme le propose et l'impose l'économie historique, « chacun sera riche de la richesse de tous ».

*

* *

On pourrait esquisser plusieurs autres considérations. Il est temps de revenir au foyer de mon propos.

Dans la vie de saint Augustin, il y eut un instant unique et plénier, ce *momentum intelligentiæ*, « moment d'intelligence », dit-il, où, avec

Monique sa mère, il crut « toucher à la vie éternelle ». De ce furtif et dense instant conservé dans sa mémoire profonde, il fit l'illumination secrète de son œuvre. Céline et Thérèse, en lisant le livre d'Arminjon au Belvédère (leur « terrasse d'Ostie »), haut lieu d'assez vaste horizon, connurent leur « moment d'intelligence », extase sans extase, dont elles vécurent. Et Thérèse, qui portait chaque lumière jusqu'à ses conséquences, décida, après cette lecture, de ne vivre que dans et pour l'Éternel, quoique vivant encore dans le temps. Ce fut sa vocation de carmélite, détachée de tout pour mieux se donner toute à tous.

Il n'est pas surprenant qu'ayant lu les *Confessions* de saint Augustin, Céline et Thérèse aient rapproché leur expérience de « l'extase » d'Ostie. La ressemblance s'impose d'autant plus que le chanoine Arminjon s'inspire de saint Augustin dans ses développements sur la béatitude. On peut dire qu'un des derniers rayons issus de cette extase d'Ostie (sur laquelle, en ce moment encore, des ouvrages érudits paraissent ou vont paraître), c'est la conversion du Belvédère dans la maison de Lisieux. On ne pourra plus désormais visiter ce Belvédère des Buissonnets, sorte de phare mystique, sans évoquer les longs regards d'Augustin et de Monique vers les rives sans borne de la mer et de l'éternité, vers l'embouchure du Tibre, – ce fleuve pâle que Pierre remonta jusqu'à Rome pour fonder la ville de la Foi – comme Virgile l'avait prophétisé sans le savoir dans le mythe d'Enée.

Un dernier regard, une dernière comparaison entre l'inspirateur et l'inspirée.

Il arrive souvent qu'un être exceptionnel soit révélé lui-même par un être ordinaire et commun. Le « mineur » engendre le « majeur », comme il arrive dans toute naissance de héros. Thérèse a des descendants spirituels innombrables. Mais, elle engendre aussi ses ascendants, qui désormais, comme son père et sa mère, vont *descendre d'elle*. Ainsi, elle donne au chanoine de Chambéry une vie neuve en le faisant entrer parmi ses enfants antérieurs – annexant, tel un grand poète, ses propres sources.

Oserai-je dire que, sur certains points, le chanoine me paraît plus actuel que Thérèse ?

Oui, Thérèse vivait en une fin de siècle assez bercée d'illusion, comme le fut la France de Louis XV et de Louis XVI. C'était un siècle individualiste et optimiste qui croyait au progrès indéfini. Certes, une âme mystique s'élève au-dessus des illusions. Elle dissipe toute angoisse en acceptant l'extrémité de la douleur avec une allégresse volontaire. Il n'empêche que, lorsqu'on lit Thérèse au siècle de l'atome, on a l'impression qu'elle ne vivait pas dans le pathétique de notre époque. Certes, il suffirait de peu pour actualiser son message et lui donner sa dimension eschatologique. Mais ce peu n'est pas fait.

Au contraire, si vous dépouillez Arminjon du vêtement rhétorique, vous avez un auteur presque moderne. Il ne parle pas de la bombe atomique, mais il parle de la destruction possible de l'univers par le feu. Il ouvre les perspectives d'une *fin du monde matériel*, nous rassurant par l'idée qu'elle n'est pas encore pour demain. Il semble pressentir les découvertes de l'astronome, multipliant par l'infini la multitude et les dimensions des astres ; il prévoit des voyages interstellaires. Il envisage des modes nouveaux de gouvernement mondial. Il indique quelle nouvelle puissance aurait un athéisme technique. Il perçoit que la science même mettra l'accent, non plus sur la pérennité de l'univers matériel, mais sur sa lente dégradation, et par conséquent sur la probabilité mathématique de la fin. J'ai dit aussi, au début de cette étude, ses pressentiments sur les relations possibles d'une Chine athée et innombrable avec l'Occident. Mais, si on laisse de côté ces détails, on ne peut manquer de noter chez Arminjon un sens *escha-*

tologique et *communautaire,* en harmonie avec notre sensibilité présente et qui est assez absent chez Thérèse.

C'est pourquoi je félicite les sœurs du Carmel d'avoir encouragé la publication du livre de l'abbé sur *La fin du monde présent et les mystères de la vie future*.

Le ciel est rempli d'étoiles doubles.

ANNEXE

LA SAINTETÉ EST POSSIBLE

À Rome, les 30 septembre et 1er octobre 1994, j'organisais une exposition des peintures de Jean Guitton sur le thème de l'Amour. *Parmi les tableaux, un portrait de Thérèse de Lisieux. C'est celui qui figure en verso de couverture de cet ouvrage.*

Le hasard voulut que le palais romain qui nous accueillit abritât la chapelle où sainte Thérèse vint prier la veille de sa rencontre avec le pape Léon XIII. Le lendemain Jean Guitton rencontrait Jean-Paul II…

De retour à Paris, l'académicien m'offrit en souvenir son Essai *de 1954 sur Thérèse, texte qui me ravit. Au même moment Mgr Guy Gaucher le redécouvrait !*

C'est dire que ce texte aura été rapidement réédité ! Comme si la Providence le voulait.

Quand on rencontre sainte Thérèse de l'Enfant-Jésus, on se dit : « Ouf ! Enfin une sainte à notre portée, enfin la sainteté est possible ! » Pas de visions, transverbération, bilocations, stigmatisation[15]*, etc. Au contraire, il n'est question ici que de* petite *voie, pour les* petites *âmes qui font des* petites *choses. On y dort pendant la prière, on y parle d'effeuiller des roses et de ramasser une épingle avec amour. Au point que les esprits forts passent leur chemin ou s'assoient au banc des rieurs : « Comment ? Ce n'est que ça la sainteté ? Des histoires de collégienne au couvent ! »*

Mais quand on s'enfonce dans l'histoire de son âme, où nous entraîne-t-elle ? Au cœur du désert, au cœur de la nuit, au lieu où l'âme s'abandonne à l'Amour. Alors, les mêmes esprits forts prennent

---

15. Transverbération, bilocation, stigmatisation : phénomènes extraordinaires de la vie mystique. Dans la transverbération (par exemple Thérèse d'Avila), le cœur du mystique est transpercé d'une flèche et comme enflammé d'amour divin ; dans la bilocation (par exemple Bernard de Clairvaux ou Alphonse de Ligori), le saint semble être et agir en deux endroits à la fois ; dans la stigmatisation (par exemple Francois d'Assise), le mystique reçoit dans son corps, sur ses mains, ses pieds et son côté, les mêmes blessures que Jésus durant sa passion.

peur, et s'assoient au banc des ricaneurs, car ils n'aiment pas non plus ce qui les dépasse.

Mais les cœurs simples, en elle, se retrouvent. Et tous ceux qui ont souffert au jour le jour : des séparations, du délaissement, de la solitude, des angoisses, des scrupules, du dérapage vers la folie, de la maladie, des échecs, bref des souffrances physiques, affectives et spirituelles, ceux-là se sentent compris. Elle est comme une sœur, qui les prend par la main et nous aide à faire cet acte de foi et d'abandon en l'Amour miséricordieux. Il suffit de notre bonne volonté, nous dit-elle, pour qu'éclate pour nous comme pour elle la grâce de Noël[16]*. Et si, apparemment, Thérèse n'a pas d'éclat, c'est qu'elle a vécu pour tous ceux qui ne brillent pas. La vie avec le Christ, pour la plupart, est une grande sublimité cachée dans une nature qui reste, à bien des égards, pauvre. C'est la sainteté des âges démocratiques.*

D'Édith la philosophe, d'Élisabeth la musicienne, de Thérèse sans don officiellement reconnu, l'histoire ne retiendra que leur commun génie pour l'amour. Bien sûr, la vie de ces trois religieuses concerne tout être humain, mais puisqu'elles sont femmes, c'est

---

16. « Jésus, le doux petit enfant, changea la nuit de mon âme en torrents de lumière… En cette nuit où il se fit faible et souffrant pour mon âme, Il me rendit forte et courageuse. Il me revêtit de ses armes. » Manuscrit A, dans *Œuvres complètes*, Cerf/DDB, 1992, p. 141.

particulièrement aussi aux femmes qu'elles s'adressent. Carmélites toutes trois, leurs voix passent les grilles du couvent et, comme un appel à toutes, retentit. Et, justement parce que sans qualité ou mérite éclatant, Thérèse rassure et entraîne. Sa vie ordinaire *est comme la trame secrète de toute existence féminine.*

Jeunes filles éclatantes de vie et de beauté,
et femmes qui voient poindre sur leur visage
la vérité du temps…

Femmes aimées
et femmes blessées et défigurées…

Mères comblées de joie, attentives à la vie
qui emplit leur ventre,
mères douloureuses en leur chair,
mères appliquées au travail quotidien sans cesse
recommencé
et mères usées prématurément par la menace
du jour…

Femmes données à leur métier
et femmes clouées par la maladie…

Femmes simples et modestes dont on ne parle pas
et femmes projetées sur le devant de la scène…
Votre génie, c'est l'amour.

Votre regard de foi
inlassablement posé sur le Christ crucifié
vous rend votre raison d'être.

Vous enfantez l'homme, vous enfantez à l'amour
l'humanité.

Claire HUDE.

TABLE

Achevé d'imprimer le 30 juin 1995
dans les ateliers de Normandie Roto Impression s.a.
61250 Lonrai
N° d'imprimeur : I5-1235
Dépôt légal : juillet 1995